ÉLÉMENTS

DE

PHILOSOPHIE MORALE

PAR

PIERRE-F. PÉCAUT

Professeur agrégé de philosophie au Collège Chaptal

A L'USAGE DES CLASSES DE PHILOSOPHIE

ET DES ÉCOLES NORMALES PRIMAIRES

PARIS

GARNIER FRÈRES, LIBRAIRES-ÉDITEURS

6, RUE DES SAINTS-PÈRES, 6

ÉLÉMENTS

DE

PHILOSOPHIE MORALE

ÉLÉMENTS

DE

PHILOSOPHIE MORALE

PAR

PIERRE-F. PÉCAUT

Professeur agrégé de philosophie au Collège Chaptal

A L'USAGE DES CLASSES DE PHILOSOPHIE

ET DES ÉCOLES NORMALES PRIMAIRES

———

PARIS

GARNIER FRERES, Libraires-Éditeurs

6, RUE DES SAINTS-PÈRES

1905

ÉLÉMENTS

DE

PHILOSOPHIE MORALE

CHAPITRE PREMIER

CONDITIONS PSYCHOLOGIQUES DE LA VIE MORALE

Étude psychologique de l'activité.

Nous pouvons nous contenter de dire provisoi
rement que la morale détermine comment nous
devrions agir. Mais nos actes ont leur source dans
nos sentiments, nos tendances, notre caractère et,
par conséquent, il faut dire encore qu'elle cherche
à définir ce que nous devrions être.

Or, cette recherche suppose une double étude
préalable, d'ordre psychologique : *a)* Etude de
notre nature, comme source de nos actes ;

b) Etude des moyens de la modifier et de la transformer de ce qu'elle est en ce qu'elle devrait être.

§ I. **Tendances et sentiments.**

Nos réactions à l'égard du milieu. — Pour comprendre l'homme, il ne faut pas le séparer de son milieu.

Nous vivons dans un double milieu, physique et social. Le milieu physique agit sur nous ; il nous est utile ou nuisible ; certains de ses éléments nous sont indispensables et notre vie organique ne subsiste que par eux ; d'autres nous sont contraires. (*Ex.*: forces mécaniques ; agents physiques tels que la lumière, la chaleur, l'état hygrométrique ; substances chimiques assimilables ou nocives ; animaux redoutables ou utiles.) — Le milieu social agit aussi sur nous de mille façons. (*Ex.*: coopération ou exploitation ; punition, récompense ; approbation ou désapprobation ; exemple donné.) Or, nous ne demeurons pas passifs à l'égard du milieu. Soit qu'il agisse sur nous matériellement (*Ex.* : une mouche nous pique, une vive lumière frappe notre œil), soit que nous nous le représentions (*Ex.*: nous voyons un animal dangereux, nous nous souvenons d'une injure), nous *réagissons*. Nous réagissons, parce que certaines tendances qui sont en nous ont été mises en jeu. Par tendances il faut entendre des dispositions à agir et à sentir, ou, plus simplement encore, des mouvements et des sentiments.

Les tendances considérées comme dispositions à agir. — Une mouche nous pique et notre main se lève pour la chasser. Une lumière trop vive frappe notre œil et la paupière s'abaisse pour l'intercepter. Un objet nous menace et nous portons les bras en avant ou fuyons à toutes jambes. Notre réveil-matin vient de sonner, nous sautons du lit et accomplissons les innombrables mouvements qui constituent notre toilette. N'ayant pas mangé depuis longtemps, tout d'un coup, le souvenir surgit d'un plat exquis : aussitôt nos mains ébauchent des contractions comme pour le saisir, nos mâchoires se serrent comme pour le mâcher et nos glandes salivaires commencent à sécréter, nous faisant venir « l'eau à la bouche ».

Les tendances consistent donc *en mouvements exécutés ou simplement ébauchés en réponse au milieu*. Dans tous ces exemples il s'agit de tendances relativement simples, mais la conduite la plus compliquée d'un homme, comme nous le verrons en étudiant la volonté, est constituée par la mise en jeu de tendances élémentaires.

Cependant il faut encore ajouter que nos réactions ne consistent pas seulement en mouvements des membres ; elles ébranlent parfois l'organisme presque entier. C'est ainsi qu'en présence d'un danger menaçant, il y a souvent arrêt de la respiration, oppression, resserrement de la gorge, hérissement des poils, sueurs froides, choc violent du cœur, resserrement de la circulation sanguine et par conséquent pâleur de la face. Le corps réagit jusque dans ses profondeurs.

Les tendances considérées comme sentiments. — En présence des choses, des êtres, des événements, des situations, il ne se produit pas seulement des réactions de notre corps, mais encore nous éprouvons des *sentiments*, agréables ou pénibles, vio-

lents ou modérés. Donnons quelques exemples de
ces émotions de l'âme, puisqu'aussi bien il serait
difficile d'en fournir une définition générale :

Quand nous nous représentons quelque chose
qui menace notre être dans un de ses intérêts,
nous éprouvons une de ces deux émotions profondes, la *colère* ou la *peur*, les deux émotions
qui ont été les plus familières peut-être au cœur
des hommes primitifs.

Quand nous nous représentons que notre supériorité est reconnue et admirée par autrui, nous
éprouvons la joie frémissante de l'*orgueil* et, dans
le cas contraire, la douleur cuisante de l'humiliation. Quand nous nous représentons qu'autrui
jouit d'un bien dont nous sommes privés, nous
éprouvons l'*envie* ou la *jalousie* amères. Nous
éprouvons de la joie ou de la tristesse en nous
représentant un bonheur ou un malheur sur-
venus à notre ami, à notre famille, à notre patrie.
Nous éprouvons de la joie dans la découverte de
la vérité, dans la contemplation de la beauté.

Rapport des sentiments aux réactions du corps. —
Nous avons donné des exemples de réactions du
corps et de sentiments en présence du milieu. Or,
une théorie récente (1), dont nous aurons plus
tard à tirer quelques applications pratiques, veut
que les sentiments ou émotions aient pour conditions les réactions du corps. Analysons notre
frayeur, par exemple, et nous y reconnaîtrons facilement des sensations provoquées par les arrêts

(1) Cette théorie est due au grand psychologue américain
M William James.

du cœur et de la respiration, le tremblement des muscles. Supposons qu'en présence du danger, les muscles d'un homme restent fermes, sa circulation et sa respiration régulières, cet homme aurait une connaissance tout intellectuelle, toute froide du danger, mais il ne *sentirait* pas l'émotion de la peur ; de même, en présence d'un objet nouveau et extraordinaire, il trouverait intellectuellement cet objet étonnant, mais il ne *sentirait* pas l'émotion de l'étonnement.

Celui qui, par un don précieux de la nature, ou par la force de la volonté, pourrait, en quelque mesure, maîtriser son corps, serait le maître dans la même mesure de ses sentiments. Les sentiments ou émotions sont le retentissement conscient des réactions du corps.

La vie du cœur. — Ces sentiments, qui composent ce qu'on appelle la vie du cœur, sont infiniment divers par leur nature, ils sont infiniment changeants, instables et se fondent les uns dans les autres. En quelques instants la vanité ne peut-elle pas se transformer en désillusion, la colère en découragement, la haine en pitié? Et, dans cette incessante évolution, ils forment à chaque instant notre état de *bonheur* ou de *malheur*.

Nos tendances font la valeur que nous attribuons aux choses. — Il y a là une vérité très importante, surprenante au premier abord, mais qu'un instant de réflexion rend évidente. Comment un objet quelconque pourrait-il avoir de la valeur pour nous s'il ne mettait en jeu quelqu'une de

nos tendances, s'il n'excitait en nous quelque
sentiment agréable ou pénible ? C'est un fait que
les choses n'ont pas la même valeur pour tous les
hommes, ni pour un même homme aux différentes
époques de sa vie. Pourquoi? Simplement parce
que tous les hommes n'ont pas la même façon
de réagir en présence des mêmes choses et que
leurs façons de réagir changent tout le temps.
Un succès mondain, une distinction honorifique,
un brillant avancement ont de l'importance pour
un jeune homme parce qu'il en éprouve une joie
de vanité ou d'ambition, mais sont sans importance
pour le vieillard qui n'a ni vanité, ni ambition.

C'est par une sorte d'illusion que nous croyons
les choses bonnes en elles-mêmes. Elles ne sont
bonnes que par les sentiments qu'elles excitent
en nous. Nos jugements sur leur valeur ne font
que traduire nos sentiments. Et au lieu de penser
que nous aimons une chose parce qu'elle est
bonne, il serait plus juste de penser qu'elle est
bonne parce que nous l'aimons.

Tendances innées et tendances acquises. — De
cette multitude innombrable de tendances inscrites
en tout homme ou plutôt en tout animal, les unes
sont innées (les instincts), les autres acquises
(les habitudes).

Les instincts. — Les instincts sont des dispositions *innées* à réagir et à sentir en présence de
certains objets.

Mais par *innées* il ne faut pas entendre qu'elles
existent dès la naissance; il se peut, au contraire,

qu'elles se manifestent assez tard (tel l'instinct sexuel). Elles sont innées en ce sens qu'elles sont antérieures à l'expérience des résultats de l'acte. *Ex.* : Un jeune chat, dès qu'une souris entre dans son champ visuel ou auditif, c'est-à-dire qu'il la voit ou l'entend, se met en garde, tend ses muscles, prêt à bondir. Et cela, sans avoir appris, sans même, du moins la première fois, savoir pourquoi, car n'ayant pas encore mangé de souris, il ne peut imaginer le goût de sa chair. Il y a bien là une réaction *innée* et *irréfléchie*. Un enfant se trouve sur le quai de la gare, quand un express passe avec un bruit de trombe. L'enfant, sans réfléchir, c'est-à-dire sans se représenter la fin qu'il poursuit, pousse un cri, bat des mains et s'élance en tremblant près de sa mère.

Parmi les instincts institués pour ainsi dire en nous dès la naissance, on peut citer : la disposition à nous défendre contre ce qui nous menace et à éprouver de la colère et de la peur (instinct de la conservation), la disposition à imiter les actes et les sentiments de nos semblables (instinct d'imitation). Disposition à connaître (curiosité). Disposition à jouer (instinct du jeu), etc.

Les habitudes. — Sur nos tendances innées qui forment notre première nature, viennent se greffer des tendances acquises.

Elles se forment en vertu de la loi suivante : tout acte que nous accomplissons par volonté ou par imitation engendre une tendance à le reproduire ; il n'est pour ainsi dire pas un de nos gestes, en apparence le plus fugitif, qui ne laisse sa trace dans la structure de notre être et ne retentisse dans notre vie. Cette loi est la *loi de l'habitude ;* les dispositions ainsi engendrées sont *nos habitudes.*

Il est difficile de donner une idée suffisante de toute l'importance des habitudes.

Quand on cherche des exemples, on pense tout de suite à de mauvaises habitudes, telles que celles de fumer, de s'enivrer, et on oublie que l'abstinence est tout aussi bien une habitude.

En réalité, presque toutes nos dispositions à agir et à sentir sont des dispositions acquises, devenues souvent aussi fortes et aussi solidement organisées que les tendances primitives.

Les arts de nos doigts et de nos jambes, ceux qu'on pourrait appeler nos arts moteurs, l'art de s'habiller, de danser, de se tenir à bicyclette, de parler, d'écrire, d'éviter une voiture dans la rue, de monter son escalier et d'ouvrir sa porte, tous ces mouvements prodigieusement compliqués, que nous accomplissons sans y penser, sont organisés en nous par l'habitude.

Nos besoins, nos vertus et nos vices, besoin de certains aliments familiers, besoin de confort, de propreté, besoin de plaisirs délicats, de lecture, de société polie, toutes ces façons de sentir sont, sinon entièrement créées, du moins développées et particularisées par l'habitude. Et il en est évidemment de même de la plupart de nos facultés intellectuelles : aptitude à l'attention si péniblement acquise par l'enfant ; aptitude à bien ordonner ses idées, à écrire avec goût. Toutes ces habitudes — motrices, intellectuelles, sentimentales — sont la force irrésistible et formidable qui nous entraîne vers notre destinée.

§ II. — La volonté.

1. **Définition de la volonté.** — *Vouloir c'est se déterminer en réfléchissant, c'est-à-dire en se représentant les conséquences des divers actes possibles.* Plus simplement on pourrait dire, car cela reviendrait au même : *Vouloir c'est choisir.*

Certes, la volonté suppose, comme nous allons le voir, les tendances innées ou acquises, mais elle en diffère comme étant la forme supérieure de l'activité. Elle est l'activité réfléchie et seule elle possède un caractère d'une haute valeur : elle est accompagnée du sentiment du *moi*. Quand nous accomplissons volontairement un acte, il nous apparaît comme un acte dont notre moi est vraiment la cause (il nous est impossible de penser, comme dans d'autres cas : « je ne l'ai pas fait exprès » ou « cela s'est fait malgré moi ».) Et ce caractère en implique une autre : nous ne nous reconnaissons responsables que des actes ou conséquences d'actes que nous avons voulus.

2. **Analyse de la volonté.** — Que se passe-t-il en nous quand nous voulons? On peut, semble-t-il, distinguer dans toute décision volontaire quatre phases, mais à condition de bien prendre garde que ces phases sont continues et qu'on les sépare seulement par abstraction.

A) Conception d'une fin pratique. — Devant une certaine situation qui met en œuvre nos tendances, nous sommes portés à accomplir un certain acte ; en d'autres termes, cet acte devient pour nous une fin. Rodrigue, se représentant l'insulte faite à son père, est porté à la venger.

B) Délibération. — Cependant le travail de l'intelligence et la mise en œuvre des tendances se poursuivent. Nous calculons et imaginons les conséquences futures de notre acte ou de notre abstention de l'acte. Rodrigue imagine que, s'il se bat, Chimène l'abandonne, mais que, s'il ne se bat pas, il est maudit par son père et méprisé par ses compagnons. Ces images des conséquences futures de nos actes sont appelées les *motifs* de nos actions.

Or, à mesure qu'elles se déroulent dans la conscience, représentant des situations futures possibles, elles suscitent des réactions, actes ébauchés et sentiments.

La délibération telle que nous venons de la décrire est donc *l'évolution de nos motifs et de nos mobiles*, de nos idées et de nos actes : notre choix se forme, nos préférences émergent.

Cette évolution peut être courte, particulièrement chez certaines natures actives, ennemies de l'indécision ; elle peut se prolonger et durer des années. (*Ex. :* délibération sur le choix d'une carrière.) Elle peut ne pas se terminer ; nous laissons alors les choses décider pour nous. (*Ex. :* tandis que nous hésitons sur le choix d'une carrière, toutes les portes se ferment successivement, si bien qu'il n'en reste plus qu'une, que nous sommes bien obligés de prendre.)

Cependant le débat intérieur a souvent une autre forme et un autre objet et l'étude de cette nouvelle espèce de délibération peut jeter un jour singulier sur la nature de la volonté. Souvent, en effet, nous n'hésitons pas sur ce qu'il vaudrait le mieux faire ; nous concevons clairement quel est le *meilleur parti* ; ce qui veut dire qu'un parti est pour nous le meilleur parce que les tendances fondamentales de notre être se portent nettement vers lui. (*Ex.*: l'amour filial, notre ambition personnelle, notre sentiment du devoir nous font concevoir le travail comme le meilleur parti.) Nous *voudrions* travailler. Mais ces tendances fondamentales sont tenues en échec par une impulsion déraisonnable, absurde, contraire à nos sentiments les plus intimes, seulement très forte, très opiniâtre. Et la délibération dans ce cas, accompagnée d'un sentiment douloureux d'effort, est une lutte, la lutte tragique de la volonté et de la passion.

C) *La décision*. — Enfin, nous nous décidons. La décision est une sorte de *crise* qui termine la délibération. Cette crise peut être provoquée par une circonstance extérieure et accidentelle. (*Ex.*: une lettre de nos parents ranime notre ardeur au travail.) Quoi qu'il en soit, l'évolution des mobiles a pris fin. Une tendance ou un ensemble de tendances allant à la même fin l'a emporté sur les tendances contraires. Nous avons choisi notre parti.

D) *Exécution*. — Elle n'est que la réalisation matérielle de la décision. La tendance victorieuse, ayant le champ libre, s'exécute. Rodrigue provoque le père de Chimène.

Vraie nature de la volonté. — Qu'est-ce donc, au terme de l'analyse, que la volonté ?

Par une illusion naturelle, nous sommes portés à croire qu'elle est une sorte de pouvoir extérieur et supérieur aux sentiments, par lequel nous pouvons faire triompher arbitrairement l'un quelconque de ces sentiments et de ces désirs. Mais l'analyse qui précède dissipe cette illusion.

Non, la volonté *n'est pas une puissance d'agir distincte de nos motifs et de nos mobiles*, de nos idées et de nos tendances. Elle n'est que l'ensemble organisé de nos tendances fondamentales, de nos préférences foncières. Et si nous la sentons comme l'action même du moi, c'est que le moi n'est aussi que cela. Pendant que nous ne savons pas encore ce qu'il vaudrait le mieux faire, notre moi et notre volonté ne sont pas encore constitués, ils sont en voie de constitution. (« Il y a plusieurs hommes en nous. ») Quand enfin nous reconnaissons nettement tel parti comme le meilleur, c'est que notre moi s'est unifié et que nos tendances fondamentales ont émergé. Notre volonté de travailler est, comme nous l'avons vu, un ensemble de sentiments profonds, de préférences intimes. Et si, *tout en voulant travailler*, nous cédons au désir de rejoindre des camarades, ce désir est étranger à notre volonté parce que, malgré sa violence momentanée, il est contraire à ces sentiments profonds.

Le caractère, source des volontés. — Nos décisions volontaires dépendent donc de la nature et de la force relative de nos tendances. Un homme, pourrait-on dire afin de résumer d'un mot ce qui précède, est un *paquet de tendances*. Ce sont ses tendances qui le caractérisent, ou, plus précisément, *le caractère d'un homme, c'est-à-dire d'après l'étymologie sa marque propre, est sa manière habituelle de réagir et de sentir en présence des diverses situations.*

Placez deux hommes devant des circonstances identiques, par exemple leur fortune perdue. L'un se laisse aller, rongé de regrets, d'envie et tombe dans le désespoir ; l'autre rebondit, ne perd ni le courage ni la joie de vivre et se jette dans de nouvelles affaires. Ils ont deux caractères différents. Tels deux milieux qui réfractent de façon dissemblable les rayons venus des choses, si bien qu'on peut appeler le caractère, suivant une comparaison célèbre, « notre indice de réfraction morale ».

§ III. — Conception déterministe de notre activité volontaire.

Thèse déterministe relative à la volonté. — Nous avons rencontré, autre part, comme fondement même de la science, l'idée générale du déterminisme. Elle affirme que tout ce qui arrive a une cause ou, pour être plus explicite, que tout fait est lié par des lois aux autres faits : la nature a donc une véritable unité ; elle est, non une pluralité de faits indépendants, mais un ensemble de faits solidaires.

Or, notre volonté est-elle indépendante de la nature ? *Nos décisions pourraient-elles être autres, tous les antécédents restant les mêmes ?*

La thèse déterministe, en ce qui concerne la

volonté, porte que *nos décisions ont des causes,
c'est-à-dire sont liées par des lois à leurs antécédents ;* la volonté « n'est pas, suivant une expression célèbre de Spinoza, un empire dans un
empire », mais elle fait partie de la nature. Cette
thèse fait valoir des arguments à priori et des arguments tirés de l'expérience.

Arguments à priori. — Ce sont les philosophes,
comme Kant par exemple, qui se sont efforcés de
justifier, en des spéculations à priori, l'extension
du principe de causalité à tous les faits sans
exception qui se produisent dans le domaine de
l'expérience, y compris nos décisions. Leur raison
principale est qu'un fait indépendant des autres
faits serait inassimilable à la pensée : non seulement il ne pourrait être *compris*, mais encore il ne
saurait être conçu comme existant, car l'existence
ne se distingue du rêve qu'en ce que les choses
qui la constituent sont liées les unes aux autres
et dans un ordre nécessaire.

Arguments empiriques. — Plus accessible est
l'argumentation qui cherche à montrer, par
l'expérience même, comment nos résolutions
sont déterminées en fait. Pour mieux nous rendre compte de cette argumentation, divisons-la
en deux moments :

A) *L'analyse de la résolution volontaire fait voir
que nous sommes nécessairement déterminés par
le mobile le plus fort.* Un homme en qui la vanité
est plus forte que tous les autres sentiments préfé-
rera nécessairement un brillant avancement à une

situation plus tranquille mais obscure. Cela revient à dire que, la volonté n'étant autre chose que nos tendances, nous agissons conformément à notre caractère.

B) Mais notre caractère s'explique à son tour par des antécédents.

D'abord notre caractère est en partie inné, préformé en nous dès la naissance. Ces prédispositions constituent notre naturel; elles dépendent des hasards de notre formation organique, mais aussi du caractère de nos ascendants et de notre race dont l'hérédité nous rend solidaires.

Cependant notre caractère est surtout acquis; il se modifie tout le long de la vie. Mais comment s'expliquent ces modifications? Par la rencontre, pourrait-on dire, du milieu physique, du milieu social, des circonstances accidentelles avec notre naturel. En effet, ce double milieu et ces circonstances exercent sur nous une action qui dépend de notre naturel, et conformément encore à notre naturel nous réagissons à leur égard. C'est ainsi que nous prenons des habitudes musculaires, sentimentales, intellectuelles, que nous contractons des passions et des besoins nouveaux qui recouvrent notre nature primitive. Si, par hypothèse, on plaçait deux personnes ayant exactement les mêmes tendances dans des circonstances exactement les mêmes, elles auraient exactement les mêmes habitudes et tiendraient la même conduite.

Pour conclure, d'après la thèse déterministe, notre volonté, si elle agit sur les choses, dépend d'une multitude infinie d'actions présentes et passées qui viennent des choses.

CHAPITRE II

CONDITIONS PSYCHOLOGIQUES DE LA VIE MORALE (*suite*)

L'esclavage et la liberté.

Importance du problème. — C'est un débat qui se poursuit depuis des siècles que celui de savoir si nous sommes libres et il ne peut y en avoir de plus important pour nos intérêts moraux.

En effet, la liberté est, suivant l'expression de Kant, le « postulat » de l'obligation et de la responsabilité morales. Notre conscience affirme qu'il y a des devoirs, ce qui veut dire que nous sommes obligés d'accomplir certains actes et d'éprouver certains sentiments ; elle affirme aussi que nous sommes plus ou moins responsables de l'observation de ces devoirs. Or, n'est-il pas manifestement faux que nous soyons obligés et responsables à l'égard d'actes et de sentiments, si nous ne sommes pas libres d'accomplir ceux-ci et d'avoir ceux-là ? Il est donc vrai que la liberté est « postulée » par notre conscience ; plus simplement, elle est la condition de notre vie morale qui suppose que nous puissions changer notre conduite et notre cœur.

Mais si le débat se poursuit depuis si longtemps, il s'est chargé, au cours des discussions, de bien des confusions qu'il faudra dissiper.

§ I. — Définition de la liberté intérieure et de l'esclavage.

La liberté, au sens le plus général du mot, est, pour un être, le pouvoir d'atteindre ses fins ; d'un point de vue négatif, elle est l'absence d'entraves.

Autant donc de libertés possibles que de genres de fins poursuivies. Ainsi, la *liberté physique* est le pouvoir d'exécuter les mouvements que l'on désire exécuter (*Ex.* : Le paralytique en est privé) ; la *liberté politique* est le pouvoir de participer au gouvernement ; la *liberté commerciale* est le pouvoir de faire des transactions commerciales, etc. Toutes ces libertés sont des libertés extérieures, puisqu'elles consistent dans le pouvoir d'exécuter au dehors nos décisions. De savoir si on les possède et dans quelles limites c'est, pour chacun, une question de fait.

Tout intérieure serait au contraire la liberté dont disputent les philosophes. Elle serait *le pouvoir de nous décider intérieurement pour le parti que nous jugeons le meilleur*, ou, ce qui revient au même, pour nos préférences réfléchies (1).

____

(1) Cette idée de liberté sera complétée et approfondie dans un développement ultérieur sur les degrés de l'autonomie morale (V. p. 125).

C'est ainsi qu'il la faut définir, car il n'y a pas évidemment d'autre pouvoir intérieur que nous puissions désirer et c'est celui-là qui peut fonder la responsabilité (V. le plan sur la responsabilité, p. 28).

Et il faut reconnaître que si les hommes ont ce pouvoir, ils n'en font guère usage, car ils vivent dans un état très général et très lamentable d'esclavage intérieur. *Ils agissent autrement qu'ils ne voudraient agir;* ils ne se possèdent pas et sont dominés à ce point que, tout en voyant le mieux, ils se décident pour le pire : le joueur maudit sa passion et retourne chaque soir au tapis vert; le paresseux voudrait travailler, mais sa paresse l'entraîne comme une force de pesanteur; celui qui a un caractère violent voudrait se dompter et s'emporte à la première occasion.

Cet esclavage s'explique ainsi : nos tendances réfléchies, dont la fin est le parti jugé par nous le meilleur, se trouvent plus faibles, au moment critique, que les tendances irréfléchies et déraisonnables (ces dernières méritent bien le nom de *passions,* puisque nous les subissons malgré nous, passifs). Bref, l'esclavage tient à ce qu'il y a en nous du désordre et de la maladie intérieure : la force de nos tendances n'est pas proportionnée à la valeur de leurs fins.

Le problème de la liberté, le problème vraiment pratique et important pour notre destinée est dans le suivant : *Pouvons-nous arriver à nous décider pour le parti que nous jugeons le meilleur? Notre volonté peut-elle s'affranchir des passions?*

§ II. — L'objection du déterminisme à la liberté résulte d'une confusion.

Cette façon précise de poser le problème nous permettra de dissiper une de ces confusions dont nous avons parlé.

La principale objection que l'on fait valoir, contre l'existence de la liberté est tirée de la conception déterministe de la volonté, exposée dans le chapitre précédent. Si la volonté, dit-on, est déterminée par des causes extérieures à elle, elle n'est pas libre ; il y a donc contradiction entre la thèse déterministe et l'affirmation de la liberté.

Certes, il est naturel qu'il en ait semblé ainsi à des esprits pour qui le déterminisme était une doctrine nouvelle, remplaçant une autre manière de voir. Cependant, il suffit d'un peu de réflexion pour reconnaître que la contradiction n'existe pas. Peu importe, en effet, que les tendances réfléchies, qui constituent la volonté profonde du moi, soient déterminées par des causes. Nous sommes libres si elles arrivent à triompher en nous. En quoi donc serions-nous plus libres si elles étaient sans causes, si elles naissaient comme des miracles ? Un homme veut allumer du feu parce qu'il fait froid. Sa volonté est manifestement liée par une loi aux variations de la température ; cependant nous n'hésitons pas à trouver qu'il est libre s'il secoue sa paresse et fait ce qu'il a préféré avec réflexion. Serait-il plus libre si sa volonté d'allumer du feu avait été sans rapport avec les circonstances ?

Un homme tient de son hérédité, de son éducation, et d'autres antécédents inconnus un instinct d'âpre avarice. Il préfère l'argent à tout autre bien. Serait-il plus libre si ses préférences étaient nées de rien ?

Cessons de confondre davantage ces deux questions distinctes : Nos préférences réfléchies ont-elles des causes ? Nos préférences peuvent-elles se réaliser ? La seconde seule est celle de la liberté.

§ III. — Possibilité de l'affranchissement.

Précisons encore une fois la difficulté : quand notre volonté est plus forte que les passions contraires, elle est libre ; mais si elle est plus faible, peut-elle en triompher ? Or, non seulement le déterminisme n'empêche pas cet affranchissement, mais, dans une certaine mesure, il le rend possible.

Rappelons-nous comment nous agissons sur la nature extérieure. Quand nous ne pouvons pas produire un certain effet (*Ex.* : Mouvement de 100 kilomètres à l'heure), la science nous enseigne des conditions suffisantes de cet effet qui sont à notre portée (*Ex.* : Production de chaleur) et ainsi nous agissons sur le monde extérieur justement parce qu'il est soumis à des lois.

Mais il n'en est pas autrement quand notre action doit porter sur le monde intérieur. Désignons par la lettre A notre volonté de travailler (constituée par les tendances réfléchies de notre moi). Or, la volonté A est actuellement plus faible que la passion de nous distraire B ; on peut écrire, à la façon du mathématicien, $A < B$. Seulement, nous savons que soit A, soit B dépendent de certaines conditions, et si notre volonté est trop faible pour triompher directement de la passion, elle peut être du moins assez forte pour agir sur ces conditions et obtenir un triomphe indirect.

Hâtons-nous de donner des exemples :

1er exemple : Notre volonté de travailler, dont nous savons la faiblesse, est cependant assez forte pour maintenir par un effort notre attention sur les images de notre examen manqué, de nos parents affligés, de notre dignité compromise, et ces images amènent à notre volonté un nouveau flux d'énergie qui la rend irrésistible.

2e exemple : Nous savons combien sera forte la passion de nous distraire. Mais, dans le temps où elle ne fait pas encore sentir sa pointe, nous avons assez de force pour changer de quartier, choisir d'autres camarades, nous lier par des promesses solennelles et accumuler ainsi des obstacles à la passion. Ne raconte-t-on pas que Démosthène, afin de parvenir à ne pas sortir de chez lui, se faisait raser la moitié de la tête ?

3e exemple : Nous connaissons le déterminisme des habitudes, c'est-à-dire les lois suivant lesquelles elles s'engendrent. Mais nous pouvons profiter de nos bonnes dispositions d'un moment pour couper court à de mauvaises habitudes naissantes, et commencer de bonnes habitudes par quelques actes.

Caractère et liberté. — Peut-être reprendra-t-on sous une forme nouvelle l'idée que le détermi-

nisme est en opposition avec la liberté, en disant
que, puisque nous agissons nécessairement conformément à notre caractère, il nous est impossible de le réformer. Mais ce serait encore tomber
dans la même confusion. Certes, nous n'avons
pas la faculté d'agir contrairement à notre caractère, c'est-à-dire contrairement à toutes nos préférences, à tous nos sentiments; et cette faculté, si
elle existait, ne serait pas du reste la liberté, mais
la folie et l'absurdité réalisées (1). Seulement, notre
caractère est complexe et la liberté est le pouvoir
des tendances réfléchies inhérentes à ce caractère
de triompher des tendances irréfléchies; elle est
l'action du caractère sur lui-même.

D'ailleurs, cette théorie de la liberté n'est pas
une hypothèse; elle est positive et certaine. *En
fait*, c'est bien comme nous venons de le décrire
que nous nous affranchissons. La théorie se borne
à se rendre compte du fait, et, par là, elle nous
permet de nous appliquer avec plus de méthode
et de zèle à l'œuvre laborieuse de notre libération
intérieure.

§ IV. — **Limites de la liberté intérieure**.

Nous avons expliqué, à propos de la science,
combien notre pouvoir sur la nature extérieure
est limité. Qu'il en soit de même de notre liberté
intérieure, c'est là encore un fait que la théorie

(1) Certains philosophes, qui voient une opposition entre le
déterminisme et la liberté, pour sauver cette dernière ont soutenu,
en effet, que nous pouvions nous déterminer avec une absolue
indifférence à toutes nos préférences. C'est ce qu'on appelle la
doctrine de la liberté d'indifférence.

n'a qu'à constater. Il est souvent difficile, parfois
impossible à la volonté de dominer la force des
tendances déraisonnables.

Souvent ce sont les *circonstances extérieures* qui
conspirent avec ces dernières contre la volonté.
Ex. : Vous avez l'intention réfléchie de rester tem-
pérant. Y réussirez-vous si vous êtes, pendant de
longues années, chauffeur dans la fournaise d'un
bateau à vapeur? — Vous voulez rester parfaitement probe dans les affaires. Y réussirez-vous si
une concurrence déloyale doit vous ruiner à terme
fixe?

Souvent l'obstacle est *dans notre propre caractère*.
Il en surgit des tendances mauvaises qui pèsent
sur nous d'un poids trop constant et trop lourd.
Ex. : Qu'il est difficile de rester maître de soi,
quand on a de nature un tempérament excitable
ou emporté, ou de rester bienveillant quand on a
un tempérament malheureux et chagrin (et cependant bien des hommes y parviennent).

Parfois même, dans des cas extrêmes, patholo-
giques, ces tendances prennent une force invin-
cible. Il est des hommes chez qui certaines images
excitent des impulsions auxquelles ils essayent en
vain de résister. (*Ex. :* Manie du meurtre, manie
du vol ou cleptomanie. Et cependant, même dans
ce cas, il reste le pouvoir de se confier à un médecin
qui guérit ou empêche d'agir.)

On peut donc conclure par ces paroles, si pleines
de sens, de Leibnitz :

« La prévalence des inclinations n'empêche que
« l'homme soit le maître chez lui, pourvu qu'il
« sache user de son pouvoir (*Leibnitz veut dire*

« *que le fait d'être déterminé par la   tendance*
« *la plus forte ne nous empêche pas de pouvoir*
« *faire triompher le parti le meilleur*). Il n'a
« qu'à se préparer de bonne heure pour s'op-
« poser aux passions et il sera capable d'arrêter
« l'impétuosité des plus furieuses. Supposons
« qu'Auguste, prêt à donner des ordres pour
« faire mourir Fabius, se serve du conseil qu'un
« philosophe lui avait donné de réciter l'alphabet
« grec avant de ne rien faire. Cette habitude sera
« capable de sauver la vie de Fabius et la gloire
« d'Auguste. Nos résolutions dépendent de nous
« par certains détours adroits qui nous permettent
« de les suspendre et les changer. Nous sommes
« les maîtres chez nous, non comme Dieu qui
« n'a qu'à parler pour être obéi, mais comme un
« bon père de famille l'est dans son domestique
« (*c'est-à-dire à son foyer*). »

COMPLÉMENT I

Note sur la responsabilité morale.

I. Être responsable d'un acte, c'est en être l'auteur et pouvoir, à la rigueur, ne pas l'accomplir.

Cependant cette dépendance des actes à l'égard
de la personne n'est que la condition nécessaire et
non suffisante de la responsabilité.

Il n'y aurait pas de responsabilité pénale si certains actes n'entraînaient un châtiment de la part
de la société. Nous ne sommes responsables d'être
malades qu'autant que nous sommes les auteurs
d'actes qui ont entraîné la maladie. La respon-

sabilité implique donc que *l'acte qui émane de nous réagit sur nous par ses conséquences.* Et pour tout réunir, on pourrait la définir simplement : *la propriété pour un agent d'être l'auteur de ce qui lui arrive.*

Quand, dans les diverses administrations publiques ou privées, on parle de la nécessité d'organiser la responsabilité, on veut dire que les actes de chacun devraient avoir pour chacun des conséquences, en d'autres termes devraient être sanctionnés.

Quand on parle de la nécessité pour l'éducation de développer le *sentiment de la responsabilité,* on entend par là la prévision et le souci de toutes les sanctions possibles de l'acte, sanctions morales ou pénales, naturelles ou instituées par les hommes.

On peut dire qu'il y a autant de responsabilités que de sortes d'obligations et de sanctions, en ce sens que les conditions de la responsabilité varient avec la nature de ces obligations. On distinguera surtout la responsabilité à l'égard des lois imposées par la société sous peine de châtiments (*responsabilité pénale*) et la responsabilité à l'égard de la loi morale (*responsabilité morale*).

II. Première condition de la responsabilité morale. — Cette première condition est qu'il y ait une obligation morale et une sanction morale de nos actes.

Nous établirons plus loin que l'obligation mora'e a son fondement dans la supériorité intrinsèque de la vie morale sur les autres modes de vie, et la sanction morale de nos actes est qu'ils diminuent ou accroissent notre vie morale, notre péché ou notre vertu.

On le voit, la responsabilité morale diffère essentiellement de la responsabilité pénale qui repose sur une loi établie par la société et sur des sanctions extérieures. Peut-être même ces deux sortes de responsabilité sont-elles indépendantes. Peut-être a-t-on tort de penser qu'un agent doit être puni par la société dans la mesure où il est coupable moralement. (Nous examinerons les conditions de la responsabilité pénale, p. 244)

III. Seconde condition de la responsabilité morale. — Nous sommes moralement responsables *de ce que nous préférons*, dans la mesure où ces préférences réfléchies peuvent triompher, fût-ce par « des détours adroits », des passions contraires. En d'autres termes, et d'après la définition que nous avons donnée de la liberté, nous sommes responsables dans la mesure où nous sommes libres.

En effet, entre la conduite préférée avec réflexion et le *moi*, il y a lieu de causalité, puisque le moi est constitué par ces préférences. *a.* Supposons que l'agent préfère le bien et le suive. Il est bien la cause de son accroissement de valeur morale et sa vertu lui est imputable. *b.* Si, de propos délibéré, il préfère et fait le mal, il est bien encore la cause de son péché.

Objectera-t-on qu'il n'aurait pu préférer autrement? Mais, ou cette objection n'a pas de sens, ou elle revient à dire qu'il n'aurait pu changer de préférence même s'il l'avait voulu. Or, la réponse est simple : il l'aurait pu, s'il l'avait voulu, c'est-à-dire préféré, dans la mesure où il est libre.

L'objection ne porte donc pas.

Mais si la responsabilité a pour condition la liberté, elle varie avec cette liberté.

IV. **Responsabilité nulle.** — *A*) On n'est pas responsable des choses qui ne dépendent pas de la volonté. *Ex.* : d'être grand ou petit, ou encore des actes des autres personnes dans la mesure où on n'a pas d'influence sur elles. Dans cette mesure, *la responsabilité morale est individuelle*.

B) Irresponsabilité des conséquences d'actes qu'on n'avait pas prévues et, par conséquent, pas préférées et voulues. (Discuter à ce propos l'homicide par imprudence.)

C) Irresponsabilité dans des cas où la volonté réfléchie est complètement paralysée par une impulsion irrésistible.

V. **Responsabilité morale diminuée.** — Il est évident qu'elle diminue dans la mesure où diminue la liberté. Elle varie en raison inverse des forces contraires aux tendances réfléchies. (V. § IV, p. 26, les limites de la liberté.)

COMPLÉMENT II

Comment on peut gouverner les habitudes.

Nous sommes *des paquets de tendances*. Mais seules, par définition, les tendances acquises, c'est-à-dire les habitudes, dépendent de nous. Là doit porter tout l'effort de l'éducation de soi-même.

Or, qu'on prenne garde aux faits suivants. Celui qui apprend une langue étrangère après vingt ans, n'en possédera probablement jamais l'accent. Les mouvements convenables de la langue, des lèvres, du gosier, ne lui deviendront jamais naturels. Celui qui commence le piano après vingt ans ne deviendra jamais un pianiste accompli. Celui qui, dès la jeunesse, n'a pas fréquenté le monde n'aura jamais l'aisance de l'homme du monde. Ces faits ont une signification grave, redoutable : c'est avant vingt ans ou vingt-cinq ans que se prennent surtout les habitudes et que, par conséquent, se décide notre destinée.

Mais comment gouverner ses habitudes ? Un philosophe dont nous avons déjà parlé, M. William James, a donné à ce sujet quelques maximes tout à fait admirables par leur caractère pratique (1). Nous résumons ici sa pensée.

1ʳᵉ maxime. — *Quand vous voulez perdre une habitude, rompez brusquement avec elle et ne souffrez pas d'exception jusqu'à ce que le but soit atteint.*

Un buveur d'alcool, un fumeur veulent se débarrasser de leur passion tyrannique ; mais, manquant de courage, ils comptent procéder par atténuations successives et diminuer peu à peu le nombre des petits verres ou des cigarettes. Ils sont perdus. On ne parvient à supprimer une habitude qu'en la privant absolument de satisfaction. La crise peut être terrible, affreusement douloureuse,

(1) Les pages de M. W. James, traduites par M. Abauzy, ont été publiées par l'*Union pour l'action morale*.

mais si l'on tient bon, on est surpris de voir comme l'habitude meurt vite, faute d'aliments.

Il peut encore arriver que ces hommes aient rompu brusquement avec leur passion. Ils sont tout fiers d'avoir résisté huit, neuf, dix jours, et cette fierté les soutient et les encourage; mais le onzième jour, comme pour souffler un instant, ils cèdent. Tout est à recommencer. C'est ainsi qu'on perd la bataille, dans le moment même où l'on n'allait plus avoir qu'à jouir de la victoire.

2ᵉ maxime. — *Pour perdre une habitude, et surtout pour en acquérir une nouvelle, entourez-vous de tous les secours possibles contre vos propres défaillances.*

Je ne veux plus perdre mon temps à relire sans cesse les mêmes romans. Je prends un parti radical : je les mets tous au feu. Je ne veux plus dépenser bêtement mon argent, acheter tous les objets qui me tentent ou jouer aux courses. Je ne sortirai plus désormais que le porte-monnaie vide ; bien plus, je donnerai mon argent à un ami sûr, pour qu'il le garde. Je ne veux plus mentir jamais. Je demande à un ami, comme un service personnel, toutes les fois qu'il me prendra en flagrant délit de mensonge, de me faire honte publiquement.

3ᵉ maxime. — *Prenez au mot vos bonnes résolutions et donnez-leur immédiatement un commencement d'exécution.*

Il nous arrive à tous, à de certaines heures, d'être comme inondés de bons sentiments. Nous voudrions travailler, ne plus gâcher notre temps, ou bien être bons pour ceux qui nous entourent, ou ressembler à tel ami qui nous semble parfait ; ou encore un dégoût nous vient à l'idée que notre vie s'écoulerait inutile parmi tant de gens qui peinent dans la misère. Nous sommes pris d'une ardeur soudaine, nous avons, pendant un instant, de merveilleuses dispositions.

Ces bons sentiments, ne les laissons pas *s'évaporer*. Mettons-les à profit pour leur donner immédiatement un commencement d'exécution. Sans remettre d'une seconde, toute affaire cessante, traduisons-les par un acte, le premier qui s'offre à nous. Résumons une lecture sérieuse, donnons notre argent à un pauvre, engageons-nous dans une œuvre utile. Pourquoi cette hâte ? Parce que l'acte seul peut commencer à former une habitude et nous modifier d'une façon durable. L'intention qui ne se traduit pas par une action quelconque passe comme fumée et nous laisse aussi médiocres que devant. « L'enfer est pavé de bonnes intentions... »

4ᵉ maxime. — *Faisons faire chaque jour à notre volonté un peu de gymnastique désintéressée.*

Nous faisons de la gymnastique ; nous levons des poids, nous nous suspendons à des barres, nous exécutons des mouvements ridicules, mais utiles, sans autre but que de fortifier nos muscles. C'est fort bien.

Mais combien il est plus important de fortifier notre volonté en l'exerçant ! S'il ne s'offre pas d'actes utiles, faisons-lui donc accomplir des actes inutiles. Vous désirez aller à telle partie de plaisir : il n'y a aucun inconvénient à y aller. N'y allez pas, simplement pour vaincre un désir. Vous êtes fumeur. Privez-vous de tabac pendant un jour. Vous êtes très bien dans un fauteuil, levez-vous et asseyez-vous sur une chaise. C'est chaque jour qu'il faudrait faire un peu de cette gymnastique. La volonté grandirait, deviendrait rapidement puissante; le moment venu, nous dominerions sans peine notre mollesse, nos craintes, nos découragements, nos habitudes. Faudrait-il par exemple rompre avec une vie de loisirs et de plaisirs pour entreprendre un travail continu, nous serions prêts. *L'effort ne nous coûterait plus*, l'exercice nous l'aurait rendu aisé.

Mais qu'on ne croie pas que la pratique de ces maximes soit chose austère et difficile. Il y faut seulement le désir d'appliquer son intelligence à se diriger soi-même. Et retenons cette promesse que fait en terminant le philosophe américain. Il donne cette assurance à l'enfant qui veillerait à se donner le plus d'habitudes utiles possibles, qu'il se réveillerait un beau matin un des hommes éminents de sa génération.

CHAPITRE III

LE MILIEU SOCIAL

La solidarité sociale. — C'est à l'égard de nos semblables que nous avons des devoirs; et ce sont les rapports qui nous unissent à eux qui déterminent la matière de ces devoirs.

Quelle est donc la nature de ces rapports qui font de nous une société?

S'il est des hommes dans la planète Mars, s'il en est dans une île inconnue de l'Océan sans communication avec le reste de la terre, nous formons avec eux une somme arithmétique et non une société. Le rapport qui, d'une multiplicité d'unités, fait une somme arithmétique, est un rapport extérieur à ces unités; elles n'existent pas par lui; elles ne tiennent pas de lui leur nature. Au contraire, les rapports sociaux sont intérieurs et profonds. Chacun de nous serait vraiment autre, aurait une autre nature, d'autres facultés, une autre vie, si ses rapports avec ses semblables venaient à cesser ou à changer. Ce sont des rapports d'*interdépendance* ou, comme on dit, de *solidarité*.

Ce mot de solidarité est emprunté aux sciences du monde matériel, pour qui les parties d'un tout sont *solidaires* quand elles dépendent les unes des autres. Cette interdépendance existe déjà dans le domaine des lois mécaniques et physiques. Un corps tient, par exemple, sa position de la position et de la masse des autres corps, qui, eux-mêmes, tiennent leur position de sa position et de sa masse, à lui. Elle existe, sous une autre forme, à l'intérieur de l'être vivant, où l'unité du tout est plus réelle que dans le monde inorganique. Chaque organe vit par tous les autres, qui vivent par lui.

Mais il ne faut pas chercher dans la matière des images de la solidarité sociale. Celle-ci est infiniment complexe, affecte des formes diverses et doit être étudiée en elle-même.

Nous la formulerons ainsi : *l'individu ne peut atteindre les fins de sa vie organique et spirituelle (par exemple : la santé, la science, la vertu) que par ses semblables et ceux-ci que par lui.*

§ I. — **Solidarité physique.**

Les organes de notre corps sont solidaires les uns des autres ; mais notre corps lui-même, considéré dans son ensemble, est dépendant des corps de nos semblables. Certes, il peut s'éloigner, se rapprocher, se mouvoir en toute liberté, et la vie profonde qui bouillonne en lui semble bien close. Il n'en est rien cependant. Elle est solidaire, non pas seulement du milieu physique, de l'air, de l'eau, mais directement des autres organismes.

Et comme la vie mentale a ses conditions dans l'organisme, cette solidarité des organismes a déjà pour conséquence une certaine solidarité des vies mentales.

1. **L'hérédité.** — La plus importante des lois de solidarité physique, la plus redoutable est la loi de l'hérédité. Nous nous l'expliquons mal, nous ignorons encore son mécanisme ; mais l'expérience la plus vulgaire en a toujours constaté l'action et la science commence à classer ses effets. L'hérédité relie par le dedans en quelque sorte les générations les unes aux autres.

Certaines propriétés tendent à se transmettre des parents aux enfants (hérédité directe) ; des ascendants aux ascendants, en sautant plusieurs générations (atavisme) ; parfois même des collatéraux des descendants aux descendants, d'un oncle à un neveu, par exemple (hérédité collatérale).

Quelles sont ces propriétés ? Par exemple, la constitution des organes de la vie végétative, du cœur, de l'estomac, des poumons ; celle des organes des sens ; la myopie, la surdité et la conformation du corps, surtout du système nerveux, entraîne une certaine conformation de notre nature morale et intellectuelle : ce seront des passions relatives aux fonctions organiques ; ce sera une manière habituelle de sentir et d'agir, un caractère déterminé, apathique ou actif, généreux ou égoïste, emporté ou prudent. Avec un peu d'observation, nous découvrons en nous certaines attitudes, certaines manières de tenir une canne ou un porte-plume, certaines intonations,

certaines habitudes **de volonté** et même de jugement, que nous avons connues **chez** nos parents.
Elles ne dérivent pas de l'imitation inconsciente,
puisqu'elles ne se sont déclarées qu'assez tard,
tout d'un coup, comme il arrive aussi pour certaines maladies héréditaires. Et comment n'être
pas ému de ces fatalités obscures qui émanent de
nos ancêtres parfois les plus lointains, évoluent
en nous à notre insu, puis, à l'heure dite, nous
saisissent et nous soumettent à leur loi?

**La question de l'hérédité des caractères acquis. —
Son importance morale. —** Nous avons déjà signalé cette question si débattue par les naturalistes, de savoir s'il y a transmissibilité des caractères acquis par l'individu au cours de sa vie ou
seulement de ceux qui sont innés (V. cours de
philosophie des sciences). Seuls, les premiers
dépendent de nous et, par conséquent, s'ils sont
transmissibles, nous créent les plus graves et les
plus précises responsabilités.

Or, il apparaît de plus en plus clairement qu'à ce
point de vue de l'hérédité, la destruction des deux
sortes de caractères est artificielle. La vérité semble être, seulement, qu'ils ont une tendance d'autant plus forte à se transmettre qu'ils sont plus
profondément enracinés dans l'organisme. Ceux
que les parents portent en germes et inscrits
pour ainsi dire dès la naissance, se lèguent plus
sûrement : les traits du visage, la faiblesse ou la
malformation originaire d'un organe. Mais les
parents peuvent transmettre aussi des caractères
acquis. Particulièrement, ils peuvent créer chez

leurs descendants cet état pathologique redoutable, que l'on désigne par le terme un peu vague de *dégénérescence*, et qui est caractérisé par une prédisposition aux maladies mentales.

Nous savons avec *certitude* que les intoxications chroniques ou aiguës, les maladies infectieuses, le surmenage, chez les parents, sont facteurs de dégénérescence chez les enfants. L'alcoolisme chronique produit toutes les formes possibles de dégénérescence et surtout cette affection qu'on a appelée « aptitude convulsive ». Beaucoup d'enfants d'alcooliques meurent de convulsions et, parmi ceux qui survivent, 50 0/0 deviennent épileptiques.

Observations de M. Pierre Janet sur la descendance d'un alcoolique. — Un savant psychologue et médecin, M. P. Janet, nous rapporte les faits suivants : Un jour, on amène à sa clinique une pauvre femme appelée Justine, dont l'état physique et moral était effroyable : son visage pâle et exsangue se marbrait parfois de plaques rouges ; elle était torturée de crampes, et des contractures la tenaient plusieurs jours dans les contorsions les plus bizarres. Des visions obsédantes hantaient son esprit : elle se croyait atteinte du choléra, en ressentait par l'imagination les moindres symptômes, vomissait ses aliments. D'intelligence vacillante, elle lisait sans comprendre, incapable d'attention, de souvenir prolongé. Cette malheureuse aliénée était en proie à tous les délires. Or, M. Janet eut la curiosité d'étudier la famille de sa malade, et d'en reconstituer les étapes : voici ce qu'il découvrit. Le père, ouvrier intelligent et laborieux, avait pu monter un petit commerce. Mais aimant à boire, il s'enivrait dès qu'un chagrin, une émotion, un souci venaient le tourmenter. Et la première génération issue de cet alcoolique présenta ce triste spectacle : de 13 enfants, 7 décédaient en bas âge, incapables de vivre ; un garçon alcoolique mourait du délirium à trente ans ; une fille obsédée de visions, un garçon alcoolique et criminel, une fille méchante et alcoolique, enfin la malheureuse Justine, subsistaient seuls. Dans la deuxième génération, 19 enfants mouraient en bas âge ; les survivants étaient une fille méchante et obsédée, un garçon alcoolique et imbécile, une fille alcoolique et épileptique. La troisième génération vit décéder 8 enfants en bas âge ; et de toute la lignée, au moment où écrit M. Janet, il ne reste qu'un garçon, épileptique.

Ainsi une famille, épuisée en tous ses membres, s'est éteinte en trois générations, à travers toutes les misères physiques et morales, par la faute d'un seul.

Le même savant cite encore une de ses malades, qui, née de parents ivrognes, avait gardé des spectacles de son enfance l'horreur et la terreur de l'alcool. Mais, à de certaines heures, l'idée fixe l'envahissait ; une angoisse irrésistible, un besoin tyrannique de boisson forte la jetait au premier cabaret. Elle vidait d'un trait sa bouteille de poison et roulait au ruisseau.

Notre système nerveux, qui préside à toutes les fonctions du corps, qui commande à tous nos mouvements, est une machine infiniment complexe, délicate et fragile. Les excès de tous genres, dont l'ingestion de l'alcool n'est qu'une des formes, désorganisent le cerveau, détruisent ou affaiblissent les facultés intellectuelles, comme la mémoire et l'imagination.

Des impulsions morbides, des idées maladives nous assiègent. Or, c'est cet instrument déséquilibré que nous transmettons aux générations futures. La stabilité de notre esprit une fois détruite par notre imprévoyance, l'hérédité peut troubler la vie spirituelle de tous nos descendants. Nous les marquons d'avance pour la folie.

II. **La contagion.** — La contagion des maladies est une autre de ces solidarités physiques, qui met notre organisme dans la dépendance des autres. La science, ici encore, nous découvre et précise nos responsabilités. Nous savons comment la maladie contagieuse est due, le plus souvent, au développement de micro-organismes, qui quittent le corps où ils ont pris naissance et, transportés par l'air ou par l'eau, pénètrent dans les voies digestives et les muqueuses respiratoires des autres corps. Le choléra et la peste peuvent nous décimer, en France, parce que les pèlerins de la Mecque vivent dans une saleté repoussante, ou que des Indiens jettent, suivant le rite, leurs cadavres dans le Gange.

Conclusion. — Il y a donc une étroite solidarité des organismes. A mesure qu'elle nous la révèle, la science nous révèle des devoirs. Tel préjudice volontaire à l'organisme est un péché, dont la loi aura peut-être à se préoccuper pour en faire un délit. Nous ne pouvons pas deviner l'étendue des mesures que la législation prendra sûrement dans l'avenir pour sauvegarder la santé publique.

La santé est, en effet, un produit *collectif*, et chacun y contribue pour sa part. Qui dira ce que nous devons de nos souffrances et de nos misères physiques actuelles aux guerres du premier Empire et à leurs hécatombes de jeunes gens valides ? Et que deviendrait une nation, sans de fortes réserves paysannes, où se renouvellent les énergies physiques appauvries par le surmenage des villes?

La santé est une fin que l'individu ne peut atteindre par lui seul.

§ II. — **Solidarité économique.**

Nous arrivons à des rapports de solidarité bien plus importants que les précédents. On peut les appeler rapports de solidarité *économique*, parce qu'ils s'établissent au sujet de la *richesse* et qu'on nomme science économique celle qui étudie comment les hommes produisent et consomment la richesse.

I. **Qu'est-ce que la richesse? — Son importance comme fin de l'humanité. — Classification des richesses.** — Pour bien comprendre les caractères de la richesse et son importance, il nous faut revenir un instant sur la nature de l'homme.

Les besoins de l'homme. — Leur complication. — L'homme est un être vivant. Et le propre d'un être vivant est de ne subsister que par des ressources empruntées au monde, que par des objets *matériels extérieurs*, par conséquent de ressentir des besoins : tels ceux qui concernent la nourriture, le vêtement, le logement, le chauffage, l'éclairage. Ils peuvent être plus ou moins nécessaires, c'est-à-dire que leur satisfaction importe plus ou moins à la vie de l'être. Le besoin d'une nourriture élémentaire est plus sérieux qu'un désir de parure. Mais les besoins de l'homme deviennent indéfiniment plus compliqués et plus variés à mesure que se développe sa vie organique et surtout son intelligence et ses sentiments. La recherche de la nourriture se diversifie en une multitude de besoins particuliers, dont chacun se diversifie à son tour en d'autres plus spécialisés encore : qui se contenterait, aujourd'hui, comme le sage antique, d'un morceau de pain et d'un verre d'eau ? Quelle complexité, quelle délicatesse dans nos aliments ! Mais nous avons aussi des sentiments de joie à la vue de la beauté : ils nous font souhaiter sa possession, désirer l'éclat de certaines pierres, les feux incomparables du diamant. Et le contact de nos semblables nous donne des sentiments de vanité qui nous font rechercher ces mêmes diamants, moins par amour de la beauté que par désir d'être supérieurs aux autres en les acquérant. Ce sont encore des croyances et des sentiments religieux qui nous font attacher du prix à des reliques, à des monuments réservés à la prière. Innombrables sont les désirs qui jaillissent en ardente floraison du cœur de l'homme.

La richesse. — Il faut entendre par richesse tous les objets matériels qui peuvent satisfaire, directement ou non, un désir quelconque, nécessaire ou artificiel, raisonnable ou absurde. La grossière idole taillée dans le bois a son prix aussi bien que le pain. La richesse est donc tout objet qu'à tort ou à raison nous jugeons *utile* (1). Or, les objets utiles, ou plutôt les propriétés utiles des objets, sont des produits du travail. La plupart des corps de la nature n'ont pas en effet par eux-mêmes de telles propriétés. La pierre doit être extraite et taillée pour servir à bâtir; le lin doit être cultivé, filé, tissé, cousu pour former un vêtement. Ceux mêmes qui, ayant des propriétés utiles, ne demandent pas de travail pour être produits et transformés, en exigent pour être mis à notre portée : ne faut-il pas péniblement puiser l'eau, chasser le gibier, cueillir les fruits sauvages ?

Regardons autour de nous : l'activité manuelle aussi bien qu'intellectuelle de l'humanité est *presque tout entière* occupée à produire la richesse. Et nous comprenons pourquoi c'est là une des fins les plus considérables de l'humanité : la richesse n'est que *la nature matérielle adaptée par notre laheur de nos désirs*.

Classification des richesses. — Les richesses ont

(1) Cette définition s'écarte un peu de l'idée commune qu'on se fait de la richesse. On entend en effet d'ordinaire par richesse la propriété d'or ou d'argent. Mais qui ne voit que l'or ou l'argent n'ont ici de prix que comme moyen d'acheter à d'autres hommes des objets désirés? Cette idée vulgaire est donc une confusion produite par l'institution de l'échange.

donc toutes pour condition du travail humain et des éléments matériels que le travail ne crée pas. Mais elles sont hétérogènes par leurs natures et leurs fonctions et l'on en a donné une classification qui a une valeur singulière pour l'étude de la question sociale.

A) Certaines richesses sont utiles, non par elles-mêmes et immédiatement, mais seulement médiatement et comme moyens d'en produire d'autres. Ce sont *les instruments de production* (terres défrichées, mines déjà mises en exploitation par le travail, usines, machines, bâtiments d'exploitation, moyens de transport).

B) Les autres, au contraire, peuvent satisfaire immédiatement et par elles-mêmes les désirs. Elles sont des fins et non des moyens. Et on peut les subdiviser à leur tour en deux catégories : *a) Biens consomptibles* qui satisfont les besoins en se détruisant par là même (aliments, combustible destiné au chauffage des personnes, etc.); *b) Biens d'usage,* d'une utilité immédiate, mais qui survivent à la satisfaction qu'ils donnent (parcs, jardins d'agrément, maisons d'habitation, meubles) (1).

(1) Cette classification appelle quelques remarques.

Certains auteurs rangent parmi les moyens de production les salaires des ouvriers, c'est-à-dire les aliments, vêtements, etc., que ces salaires représentent.

C'est là se laisser abuser par le point de vue du propriétaire privé de l'entreprise, qui, lui, considère les ouvriers comme des moyens pour produire. Mais, au point de vue général, les aliments des ouvriers sont des biens d'utilité immédiate, puisqu'ils satisfont immédiatement des besoins et que cette satisfaction est une fin, non un moyen. On ne mange pas pour produire, on produit pour manger.

D'autre part, il faut noter que la qualification qui convient à un

II. La production de la richesse est l'œuvre du travail collectif. — La richesse consommée par l'individu est produite par la coopération de tous. La nécessité a imposé à l'homme cette coopération et lui a donné mille formes qui nous enserrent dans une solidarité de plus en plus complexe et étroite,

Coopération homogène. — Alors que dix hommes peuvent produire un certain effet, par exemple porter une poutre, un homme seul ne produit pas un dixième de cet effet ; il n'ébranle même pas la poutre. C'est là ce qui fait l'efficacité et l'utilité de la coopération simple ou homogène, c'est-à-dire celle où les associés font des besognes semblables. *Ex.* : la coopération de plusieurs hommes pour transmettre des nouvelles à distance, pour faire avancer des bateaux à rames.

Division du travail. — La coopération se présente sous une autre forme qui nous rend autrement dépendants les uns des autres. Au lieu que l'individu accomplisse toutes les opérations nécessaires à la production d'un objet, plusieurs se partagent la besogne et chacun n'accomplit qu'une opération particulière.

Veut-on construire une maison, un corps de métier apporte les pierres, un autre prépare la chaux, un autre coupe des arbres, un autre les scie et les débite en planches, un autre fabrique les clous : ce ne sont pas cent, mais des milliers

objet ne dépend pas parfois de sa nature. *Ex.* : Une maison est bien d'usage, si on y loge ; elle est instrument de production, si on y installe des machines et des ateliers.

de corps de métier qui coopèrent à la maison. Et dans chacun, ou plus précisément dans chaque atelier, la division des fonctions se poursuit. Vingt ouvriers peut-être collaborent à la fabrication des clous : l'un aiguise la pointe, l'autre aplatit la tête.

Fécondité incomparable de la division du travail. — Constitution d'un capital social. — Quand il y avait sur la terre quelques millions d'hommes, ils vivaient misérablement. Ils sont certainement, aujourd'hui, plus d'un milliard et demi et une grande partie vit dans un bien-être relatif, à l'abri de la faim. Véritable miracle : la population n'a cessé de s'accroître et cependant les moyens d'existence ont crû plus rapidement qu'elle!

Ce miracle est dû uniquement à la division du travail et il s'explique très naturellement : l'individu, livré à ses seules ressources, ne peut créer des instruments de production ; il a tout juste le temps de produire les objets immédiatement utilisables qui lui sont indispensables, et encore ceux qui exigent un très petit nombre d'opérations : cueillir des fruits sauvages, chasser avec des armes rudimentaires. Il dépend davantage de la matière, pouvant moins la transformer. Au contraire, dès que les hommes coopèrent et se partagent les opérations hétérogènes, les uns peuvent s'occuper d'opérations très éloignées de l'objet et créer des instruments de production, tandis que leurs associés pourvoient à leur subsistance. En d'autres termes, la division des occupations rend possible la création d'un *capital social*, c'est-à-dire d'instruments de production qui multiplient indéfiniment la *productivité* du travail (1). Le même effort, avec un instrument, produit une quantité infiniment plus considérable des objets qu'il produisait sans instruments (*Ex.* : Le même ouvrier arrachant l'herbe de ses mains, la coupant à la faux, poussant une faucheuse mécanique, que l'on compare les quantités obtenues) ; mais surtout le même effort donne des objets infiniment plus éloignés de l'état naturel de la matière. (*Ex.* : Un traîneau comparé à une automobile.)

Nature de la solidarité qui résulte de la division du travail. — Nécessité de l'échange. — Dès l'antiquité, on a été frappé d'une analogie entre le corps vivant et la société. Si le corps est formé d'organes hétérogènes, chacun étant nécessaire aux autres et ayant besoin des autres, la société suppose de son côté des catégories hétérogènes de travailleurs, chacun contribuant, par sa fonction spéciale, à la conservation du tout (2).

Or, cette solidarité sociale, analogue à la solidarité des organes, est celle qui résulte de la divi-

(1) Adam Smith, le fondateur de l'économie politique, cherchant les raisons de cette fécondité de la division du travail, fait valoir que les travailleurs spécialisés acquièrent plus d'habileté chacun dans sa besogne, ne perdent pas de temps à passer d'une opération à l'autre, etc. Tout cela est juste, mais la raison essentielle est celle que nous avons dite.

Maintenant il faut remarquer que si l'accroissement de productivité est l'effet de la division du travail, il réagit à son tour sur elle comme cause. En effet, quand les instruments créés ont accru les subsistances, cela permet à un plus grand nombre d'hommes de s'occuper à créer de nouveaux instruments.

(2) On sait que l'école de M. Spencer fait de cette analogie une identité : les sociétés sont réellement des êtres vivants.

sion du travail. Aussi, peut-on l'appeler *solidarité organique*. — Il n'en saurait être de plus étroite.

Il est évident que l'homme qui ne crée qu'une seule espèce d'objet ou même qui n'accomplit qu'une des opérations nécessaires à la production de ces objets ne peut satisfaire ses besoins avec le résultat immédiat de son travail. On ne vit pas de clous ou de têtes de clous. L'individu spécialisé doit, sous peine de mort, échanger ce qu'il produit contre ce que d'autres produisent. *L'échange devient, dans la division du travail, une nécessité vitale*, et l'échange est une forme de l'interdépendance.

Comment cette solidarité s'étend dans l'espace et le temps. — Cette coopération s'étend dans l'espace : chaque région finit par ne produire que les objets pour lesquels les matériaux de son sol, ou son climat, ou les aptitudes de ses habitants lui offrent le plus de ressources. L'Angleterre extrait la houille de son sous-sol et monte des usines, cependant que d'autres pays fournissent la laine, le coton, le fer que ces usines travailleront, et les denrées agricoles que consommeront les ouvriers manufacturiers.

Mais si elle s'étend dans l'espace, cette solidarité plonge aussi dans le passé et rattache les générations actuelles aux générations écoulées : car celles-ci ont préparé les instruments qui nous servent aujourd'hui. Pour le morceau de pain que nous mangeons ont travaillé les cultivateurs de nos campagnes, et les forgerons qui ont forgé les bêches, et les mineurs qui en ont procuré le fer ;

plus loin encore, le Celte Ibère qui, dans la nuit
de l'histoire, a défriché cette terre de Gaule, et le
Grec ingénieux qui a inventé la charrue. Dans la
satisfaction du moindre de nos désirs entrent le
labeur, la peine et l'angoisse de l'humanité
presque entière.

III. **Solidarité relative à la consommation des
richesses.** — La quantité des richesses, si accrue
qu'elle soit par la coopération, reste limitée, très
limitée.

Soit que nos forces de travail se trouvent insuffisantes, soit que nos machines n'aient pas assez
de puissance, soit que la terre cultivable n'ait pas
assez d'étendue et que les matières premières, le
fer, le charbon, le cuivre n'existent pas en assez
grande abondance, soit même que nous nous
arrangions mal pour produire; que ce soit pour
l'une ou l'autre de ces causes ou pour toutes réunies, le fait à constater, c'est que nous ne produi-
sons pas assez pour que tous les besoins soient
parfaitement satisfaits.

Ces richesses se répartissent entre les individus,
de telle sorte que chacun en a une certaine part
dont il peut user, qu'il peut, comme on dit, « consommer ». Nous étudierons plus loin comment les
richesses se répartissent actuellement chez les
peuples civilisés. Mais on peut affirmer comme
une vérité antérieure à tout système de répartition que, si un homme, peut-être en toute justice,
consomme et retient pour son usage personnel
une grande quantité de richesses, les autres ont
une part, moins considérable; s'il satisfait un plus

grand nombre de ses besoins, les autres ne peuvent satisfaire qu'un plus petit nombre des leurs. Et c'est là justement ce qui fait l'importance des systèmes de répartition. S'ils donnent plus aux uns, ils privent les autres d'autant.

Le paradoxe du luxe. — Cette vérité, si claire en elle-même, se dérobe parfois, cependant, sous la complexité des faits sociaux. On a été jusqu'à soutenir que la consommation de luxe est utile parce qu'elle *fait travailler*, avec l'argent des riches, ceux qui ont besoin de travailler. C'est même un service à rendre, a-t-on dit, que de détruire des objets qu'il faudra remplacer, de casser un verre, un carreau de vitre. Cette thèse porte le nom *de paradoxe du luxe*. Elle repose sur la méconnaissance des **répercussions** véritables de nos consommations. Il faut reconnaître, d'ailleurs, qu'il est difficile à la pensée de suivre ces répercussions.

D'abord, il est faux que le luxe fasse toujours travailler. Il ne fait pas travailler quand il consomme des richesses faites d'éléments naturels plus que de travail humain. *Ex. :* Un propriétaire a des champs qui font vivre plusieurs familles de paysans ; il les convertit en terrain de chasse où il occupe un ou deux gardes. Ou encore, il a deux chevaux de luxe ; la nourriture de ces chevaux exige, paraît-il, une étendue de terre capable de faire vivre cinq paysans. *Dans tous ces cas, le luxe consomme de la terre utile à tous et n'ajoute rien au total général des salaires.*

Plaçons-nous, maintenant, dans les autres cas,

ceux où le luxe *fait travailler*. Un homme, faisant construire un yacht de plaisance, paye 100.000 francs de salaires. Il satisfait donc des besoins ouvriers jusqu'à concurrence de 100.000 fr.

Or, faisons successivement deux suppositions.

Imaginons d'abord que, au lieu de les employer à sa jouissance personnelle, il *donne* ces 100.000 fr. à de plus pauvres que lui. Ceux-ci s'en serviraient pour acheter ce qui leur manque ; à leur tour, ils feraient donc travailler. Conséquence : le désir de luxe ne serait pas satisfait, mais il y aurait satisfaction des besoins ouvriers dans la même proportion qu'auparavant, et, *en outre*, satisfaction des besoins des pauvres, autrement importants par leur nécessité et leur nombre que le désir de luxe.

Mais imaginons en second lieu que, moins désintéressé, il emploie ses 100.000 francs d'une façon productive pour lui. Comme on dit, il *capitalise*. Par exemple, il fait construire des maisons pour les louer. Dans ce cas encore, il fait donc travailler et donne la même satisfaction aux besoins ouvriers. Seulement, en se privant d'un objet de luxe, il crée des objets propres à satisfaire les besoins généraux (en l'espèce des maisons modestes). De la sorte, la capitalisation aussi est un gain pour l'intérêt général (1). A ne considérer que

______

(1) On peut objecter, il est vrai, que, si le don est toujours possible, la capitalisation, au delà de certaines limites, est impossible. Les nouveaux objets produits ne pourraient être vendus ou les maisons louées, parce qu'il y a déjà *surproduction*. Mais d'où vient cette surproduction?

Elle tient non à ce qu'il y a trop d'objets, mais à ce que ceux qui en ont besoin ne peuvent les acheter. De l'objection il reste les répercussions économiques de nos actes, l'économie vaut mieux socialement que la prodigalité.

Ce mot profond de Stuart Mill demeure : « *On est utile aux autres, non par ce que l'on consomme, mais par ce que l'on ne consomme pas soi-même.* »

Autre exemple. — Considérons maintenant d'autres consommations que les consommations de luxe et prenons un exemple réel.

L'État anglais, que nous pouvons assimiler à un particulier, a consommé une énorme quantité de houille pour son expédition du Transvaal. Afin de satisfaire ce besoin de guerre, il a prélevé sur la production annuelle de cette matière une part d'une importance inaccoutumée. Les autres peuples et les foyers domestiques en ont eu moins et ont souffert de cette disette. Sans doute, on pouvait accroître la production des mines en y mettant un plus grand nombre d'ouvriers et en y consacrant plus d'argent, mais ces ouvriers et cet argent, manquant aux autres industries, d'autres produits eussent fait défaut. De toute façon, si l'on prend plus au commun réservoir, d'autres y trouvent moins pour étancher leur soif.

Ce n'est pas dans notre intérêt particulier seulement, mais aussi dans l'intérêt de la société, que

donc seulement que, étant donnée la distribution actuelle des richesses, le luxe est en quelque sorte fatal.

Cette complexité inépuisable de la question du luxe est bien propre à rendre sensible la difficulté qu'il y a parfois à déterminer le devoir. Et encore ne l'avons-nous envisagée qu'au point de vue économique. Il faudrait considérer, en outre, que le luxe est un facteur d'inventions et de progrès industriels ; que, par contre, en se propageant par imitation, il multiplie les besoins, etc., etc.

nous devons modérer nos désirs, épargner, employer judicieusement nos richesses à en produire d'autres : nos consommations, nos dépenses retentissent sur les besoins des autres. Il y a encore là une solidarité qui nous crée de grands devoirs.

Conclusion. — Il y a donc une double interdépendance économique et nous pouvons dire : *l'individu n'obtient les richesses nécessaires à la satisfaction de ses besoins que par la coopération de ses semblables et dans la mesure où ceux-ci ne consomment pas.*

§ III. — **Solidarité intellectuelle.**

Sa nature. — Tout esprit est, en quelque sorte, un ensemble d'idées plus ou moins organisé, une synthèse d'idées plus ou moins parfaite. Or, il y a une solidarité des esprits, une action réciproque de l'un sur l'autre, aussi forte et certaine que celle qui unit les corps. Chaque esprit est si sensible à l'action des autres qu'il en est sans cesse transformé et que son équilibre est toujours instable.

Une idée qui germe et se développe chez l'un transforme tous les systèmes d'idées chez les autres. La grande hypothèse darwiniste, par exemple, a modifié plus ou moins les synthèses relatives à l'histoire naturelle, à l'histoire humaine, et même à la morale et à la religion.

Une nouvelle œuvre musicale, comme celle de Wagner, ou poétique, comme celle de Victor Hugo, transforme à ce point notre sensibilité et notre goût que tous nos jugements sur la musique et la poésie s'en trouvent changés, sans même que nous nous rendions compte de la cause.

Seulement, qu'on se garde d'assimiler cette solidarité des esprits à la solidarité du corps. Elle n'est pas, en effet, une action mécanique et extérieure, mais, au contraire, intérieure et spirituelle. Une idée venue d'un esprit ne change un autre esprit qu'autant que ce dernier l'adopte, et la fait sienne en la jugeant vraie (V. p. 187).

La science est une œuvre collective. — La science est le produit de cette solidarité.

D'abord *elle résulte du travail des générations successives*. Il y a, en effet, dans une certaine mesure, un ordre de dépendance logique entre les vérités scientifiques; or, cet ordre logique est, dans une certaine mesure aussi, un ordre chronologique de la découverte. Les derniers théorèmes supposent qu'on ait trouvé la démonstration des premiers.

Keppler n'aurait pas établi sa loi, si les Grecs n'avaient pas établi les propriétés des sections coniques.

On ne gagne le sommet de l'échelle qu'en gravissant d'abord les échelons inférieurs. Et, ce qui est vrai pour la science même, l'est aussi pour l'invention des instruments de la connaissance. Que l'on pense à la création de l'écriture. Le langage oral se compose de centaines de milliers de mots, c'est-à-dire de sons complexes et différents les uns des autres. Si l'on institue un signe écrit pour chaque mot, la vie entière se passera à apprendre l'alphabet, comme il arrive encore en Chine, et l'esprit en sera accablé. Or, voici qu'on est arrivé, en décomposant les sons complexes en leurs éléments, à désigner tous les mots avec moins de trente signes écrits !

Il n'y a pas d'invention plus merveilleuse, mais elle témoigne de la puissance créatrice de l'espèce et non de celle de l'individu. Nous savons maintenant qu'elle s'est faite par étapes, et qu'elle a exigé des siècles.

De plus, *le progrès scientifique a pour condition la division du travail.* La science déjà faite est trop considérable pour loger dans une tête individuelle. Pline l'Ancien et même Descartes possédaient tout le savoir de leur temps. Maintenant chacun doit se cantonner dans un coin du champ, et tous doivent collaborer. Le physicien demande au mathématicien les vérités dont il a besoin. La *découverte scientifique a donc, elle aussi, pour condition la spécialisation et l'échange.*

Tous les collaborateurs de l'œuvre scientifique. — La grande découverte, la nouvelle synthèse s'opère le plus souvent en de puissants esprits. La science a ses *héros.* Mais cette nouvelle synthèse suppose le travail plus obscur de ceux qui en ont préparé les éléments.

Allons plus loin. Pour que la science se fasse, il faut qu'une classe d'hommes soit vouée à l'enseignement et à la préparation des esprits ; et il faut encore que la nation entière assure aux savants, dans ses budgets, les moyens de se consacrer à la recherche. Le laboureur qui paie l'impôt est, à sa façon, un collaborateur.

Conclusion. — Toutes nos idées, tout notre outillage intellectuel, nous les devons, presque entièrement, au travail collectif.

§ IV. — Solidarité morale.

Mais la vertu, elle au moins, n'est-elle pas l'œuvre propre, l'œuvre personnelle de l'individu ? L'honnêteté ne peut-elle pousser d'elle-même dans un milieu malhonnête et, comme parle la religion, n'est-on pas seul à faire son *salut ?*

Ici encore nous rencontrons la solidarité. Tous les sentiments qui constituent notre moralité (amour du bien public, enthousiasme pour la justice, besoin de justification intérieure), tous s'acquièrent, se conservent ou se perdent, en partie, sous l'influence de nos semblables, influence qui s'exerce par diverses voies.

I. **L'imitation.** — C'est un fait très général que nous avons une tendance à imiter les personnes qui nous entourent, lorsque leurs actes ou leurs paroles manifestent certains sentiments : nous sommes portés *à éprouver les mêmes sentiments et à exécuter les mêmes actions.* C'est une sorte de communication, une véritable contagion, que nous subissons le plus souvent sans le savoir. Parfois pourtant elle se manifeste avec une éclatante évidence.

Les natures impressionnables, peu maîtresses

d'elles-mêmes, s'y abandonnent d'instinct. Voyez avec quelle incroyable nécessité l'enfant prend le langage grossier, les mauvaises manières, l'impolitesse de ceux qui l'entourent ; comme il devient aisément égoïste et cruel si on l'est autour de lui, comme il s'ennuie quand on s'ennuie, comme il est gai quand on est gai.

La contagion des passions violentes. — Dans une foule, cette contagion prend une force irrésistible. Les faits divers des journaux nous rapportent à chaque instant des tentatives de lynchage : des hommes, dont chacun pris à part est sensé, peut-être généreux, se sont précipités sur l'auteur présumé d'un crime avec des cris hostiles, prêts au massacre. Un ancien préfet de police raconte que, sous le règne de Louis-Philippe, pendant l'épidémie de choléra, le bruit se répandit soudain que des hommes empoisonnaient l'eau des fontaines, les aliments. En quelques heures, Paris devint un peuple de brutes féroces, hurlant à la mort. Toute personne munie de bouteilles, de fioles, était immédiatement soupçonnée, poursuivie. Plusieurs massacres eurent lieu malgré la police impuissante. De pareils faits ne révèlent-ils pas notre fragilité et notre dépendance ? Une personne raisonnable, comme tous nous croyons l'être, est donc exposée, à moins d'un vigoureux effort de volonté, à la contagion violente d'un sentiment sauvage, qui lui ôte jusqu'à l'usage de la raison ! Parfois c'est, dans la foule, une contagion d'héroïsme ; c'est la nuit célèbre du 4 août 1789, où les représentants du clergé et de la noblesse, dans un élan d'enthousiasme, avec des pleurs d'attendrissement, abandonnent leurs privilèges, qu'ils regrettent d'ailleurs sitôt séparés. Et l'on a vu, au cours des persécutions religieuses, un désir de souffrance, une soif de martyre pousser les croyants au supplice.

L'exemple. — Mais si dans ces cas extrêmes l'imitation prend cette vigueur, c'est qu'elle agit toujours à quelque degré. Nous sommes toujours soumis à l'influence de l'*exemple*. Il est malaisé de rester honnête homme dans une société dissolue, immorale. L'histoire nous offre mille exemples d'épidémies morales, d'accès de dépravation transmis comme une peste, à la fin de l'empire romain, aux derniers jours de Byzance, sous la Régence qui suivit le règne de Louis XIV. Et l'exemple n'a-t-il pas plus de force encore quand il est près de nous et frappe constamment nos yeux, quand il nous est offert par nos parents, par nos amis ?

II. L'opinion des autres. — Ceux qui nous entourent manifestent des sentiments sur le bien et sur le mal. Ils influent sur nous par l'imitation, mais aussi par un autre moyen, par *le désir très puissant que nous avons d'être approuvés et la peine que nous éprouverions à être blâmés*. Observons-nous avec un peu de pénétration. Pourquoi nous gardons-nous de certaines fautes, par exemple de copier dans un concours ? Est-ce par devoir ? Peut-être. Mais, si nous y prenons garde, c'est surtout que nous ne pourrions supporter le blâme public de notre famille, de nos amis, de telle personne qui nous impose, de ces indifférents qu'on appelle tout le monde. Leur opinion, si elle est ferme, nous *maintient* ; si elle faiblit, nous défaillons.

M. Paul Bourget, dans son livre sur l'Amérique, remarque avec admiration que l'Américain ne ment pas, et cela parce qu'en son pays l'opinion publique est sévère au mensonge. Une opinion publique forte et rigoureuse, comme elle existe en certaines contrées de mœurs austères, maintient l'individu. Mais si l'opinion se relâche, si elle devient trop indulgente, si l'habitude se généralise, comme il arrive de traiter par la plaisanterie ce qu'il y a de plus sérieux au monde, la bonne ou la mauvaise conduite, l'individu, livré à lui-même, s'abandonne aux premières impulsions venues. Les bonnes ou les mauvaises mœurs d'un pays s'expliquent surtout par là. Les crimes qu'on appelle passionnels deviennent très fréquents à Paris. C'est, dit-on, que le jury ne condamne pas les coupables. Mais le jury lui-même n'est que l'organe et le porte-parole de l'opinion. La véritable cause est donc dans l'opinion, qui, par faiblesse, légèreté, ironie, ne blâme pas sévèrement ce que pourtant elle juge blâmable.

III. **L'éducation.** — Nous en parlons en dernier lieu, parce qu'il fallait faire connaître d'abord ses deux ressorts, l'imitation et l'opinion. *L'éducation, c'est l'influence de l'exemple et de l'opinion exercée durant notre enfance et par ceux qui ont une autorité particulière sur nous, nos parents ou nos* *maîtres.* Ces deux circonstances lui donnent son incomparable puissance. Enfants, nous sommes particulièrement impressionnables, susceptibles surtout d'être modifiés par l'action d'autrui, parce que nous sommes le moins nous-mêmes. D'autre part nos parents, nos maîtres sont des personnes que nous aimons : nous sommes portés naturellement à les respecter, à les tenir pour les arbitres du bien et du mal. L'enfant s'abstient de battre ses **camarades** plus faibles, non en vertu d'un **jugement** de sa raison personnelle, mais parce que son père **ou** sa mère trouvent bon qu'il en soit ainsi. Il n'est **donc** point étonnant que la moralité de l'enfant soit **en grande** partie le produit de l'éducation. Comment **ne serait-il** pas menteur, s'il voit ses parents mentir **par** calcul d'intérêt et hypocrisie, et surtout si ceux-ci ne se montrent pas sévères pour lui et affligés **quand** il ment ? si la sincérité a contre elle l'exemple, sans avoir pour elle l'opinion ?

Certes il est toujours possible que l'individu, quand il voit clairement son devoir, y reste fidèle malgré toutes les influences sociales. Une volonté forte et sagace peut résister à l'exemple, à l'opinion, même aux résultats d'une éducation mauvaise. Et cette possibilité suffit à nous rendre responsables vis-à-vis de notre propre conscience ; elle doit nous empêcher de nous excuser nous-mêmes. Et ce sont bien les efforts de l'individu ou ses défaillances qui modifient la moralité sociale.

Mais il n'en reste pas moins que la volonté de chacun de nous est gravement soumise aux influences du milieu. Nous avons grand besoin de

l'honnêteté des autres, surtout de ceux qui nous
sont proches, pour être et rester honnêtes. Il est
donc vrai qu'en une très large mesure la vertu,
même la plus retirée, est une œuvre collective. Le
saint qui fuit au désert la contagion du mal, voulant faire son salut tout seul, n'obéit-il point sans
le savoir aux sentiments hérités des meilleurs des
hommes qui ont laissé leurs enseignements dans
sa mémoire et dans son cœur ?

Conclusion générale.

Cette étude nous amène donc à cette conclusion
générale : *L'individu ne réalise les conditions de
sa vie organique et spirituelle que par la collaboration volontaire ou involontaire de ses semblables.*

CHAPITRE IV

LA CONSCIENCE MORALE

Dès que nous abordons la question de savoir comment nous devons agir et surtout comment nous devons agir à l'égard de la société, nous trouvons en face de nous un grand fait : la *conscience morale*.

La conscience morale est, en chacun de nous, la connaissance du bien et du mal. Pour la définir plus exactement, elle consiste dans un ensemble de croyances que nous avons touchant ce qui est bien ou mal *moralement* et dans un ensemble de tendances qui nous portent vers ce que nous jugeons bien

Dans un groupe social, il y a toujours quelque homogénéité entre les consciences individuelles : la plupart des représentants d'une caste, d'une nation, d'une civilisation ont certaines opinions communes. On peut donc parler d'une *conscience collective*. Et la conscience collective est le principe de la plupart des institutions sociales : une loi, un impôt, une église, sont condamnés dès qu'ils sont contraires aux opinions morales communes. Leur racine est desséchée.

La conscience est un fait complexe, composé
d'éléments d'origines diverses. Pour arriver, plus
tard, à connaître la source de son autorité, il faut
commencer par l'analyser.

§ I. — **L'obligation morale**.

Tous les jugements de la conscience morale
peuvent se ramener au type suivant : nous croyons
que les actes positifs ou négatifs A, A', A"... (*Ex. :*
actes positifs de bienfaisance, de dévouement ;
actes négatifs de tempérance, d'économie) sont
obligatoires *moralement*. L'idée essentielle de la
conscience, celle qui constitue la forme de tous ses
jugements, est donc l'idée d'obligation morale ou
de devoir. Les actes qui revêtent cette forme sont
biens moralement.

De l'obligation en général. — Il est d'autres sortes
d'obligations que l'obligation morale. Le fait de
se croire et de se sentir obligé est un fait très
général ; il est, par exemple, attaché aux règles de
l'intérêt et de la prudence. Or il convient de l'étudier dans sa généralité.

Quand la gourmandise nous sollicite vers un
aliment défendu par les médecins, nous concevons
que, tout en étant libres de céder ou de nous
abstenir, nous devrions suivre, par prudence, les
prescriptions de l'hygiène. Nous le *devrions* : c'est
donc là une nécessité. Mais comment comprendre
cette nécessité qui s'allie à de la liberté, puisque
nous sommes libres de nous y soumettre ou de ne
pas nous y soumettre ?

S'il n'y avait pas en nous de la gourmandise et si, d'autre part, nous ne désirions pas la santé, il est évident que nous ne pourrions avoir conscience d'une obligation. Mais le désir de la santé est en nous ; il agit en nous contre la gourmandise, et même, si momentanément il est sans force, nous avons le sentiment et l'idée de sa valeur supérieure.

Par là s'explique l'obligation : considérée comme fait psychologique elle est, au moment d'un choix, *le sentiment et parfois même l'idée réfléchie de la supériorité d'une fin sur les fins posées par les tendances contraires.*

Obligation et sanction. — On a coutume de dire que les idées d'obligation et de sanction sont liées l'une à l'autre et qu'il n'y a des obligations que s'il y a des sanctions. Cela est vrai, mais à la condition de prendre le mot sanction dans un sens très général.

Il ne faut pas qu'il fasse penser seulement à des coups de fouet ou à des amendes, c'est-à-dire à des châtiments ou à des récompenses *extérieures à l'activité même* qui est sanctionnée, car la joie de travailler, par exemple, et de mieux comprendre est, pour le savant, une des sanctions de ses efforts, de même que pour l'artiste la conscience de mieux goûter les belles œuvres. Entendons par le mot sanction : ce qui est pour nous bien ou mal, c'est-à-dire, encore, ce dont l'existence ou l'absence a pour nous de la valeur. Mais on voit alors que cette proposition : il n'y a pas d'obligation sans sanction, revient à celle qui termine l'analyse précédente : l'obligation est le sentiment de la supériorité d'une fin.

Caractères de l'obligation morale. — Qu'est-ce donc qui caractérise l'obligation morale et la distingue de l'obligation attachée aux règles de l'intérêt et de la prudence?

A) **Valeur absolue des règles moralement obligatoires.** — Soit cette règle d'intérêt : « Economise tandis que tu es jeune. » Certes elle s'impose à notre volonté, mais non par elle-même. Elle tient toute sa valeur des résultats qu'on obtient en la suivant. Le bien-être et la sécurité des vieux jours, voilà ce qui importe et seul nous paraît désirable.

Soit, au contraire, cette règle à laquelle nous attachons un caractère d'obligation morale : « Ne mens pas. » Peu importe que nous désirions ou non les résultats qu'aura pour nous la sincérité, qu'ils servent ou contrarient nos intérêts particuliers, notre vanité, notre sympathie pour autrui.

La pratique de cette règle nous paraît un mode de volonté ayant une valeur absolue (c'est-à-dire désirable par soi et non pour autre chose). *L'obligation morale vient de l'idée et du sentiment de cette valeur absolue.*

Le philosophe Kant s'est servi, pour exprimer cette idée, d'une formule maintenant consacrée par l'usage. Les règles obligatoires moralement sont, dit-il, « des impératifs catégoriques ». « Impératifs », c'est-à-dire qu'elles ont de la valeur pour la volonté ; « catégoriques », par où

il faut entendre qu'elles s'imposent par elles-
mêmes.

B) **Valeur universelle des règles moralement obligatoires.** — Nous considérons qu'une règle d'intérêt ou de prudence est bonne à pratiquer, mais
nous ne pensons pas qu'elle soit nécessairement
bonne pour tous et que ce qui nous est utile soit
utile universellement.

En effet, les règles de l'intérêt sont relatives à
nos besoins et à nos désirs ; or, nous n'avons aucune
raison de croire que tous les hommes aient les
mêmes besoins et les mêmes désirs.

Au contraire, s'il s'agit de cette maxime : « Ne
mens pas », nous concevons que tout être doué
de raison, homme, ange ou démon, doit nécessairement reconnaître comme une *vérité* qu'elle est
absolument bonne.

On peut se tromper sur une proposition de mathé-
matique mais dès que, à tort ou à raison, on la croit
vraie pour soi, on la pose comme vraie universellement. Il en est de même des règles de conduite :
dès que, à tort ou à raison, nous considérons l'une
d'elles comme obligatoire moralement, nous lui
attribuons une valeur et, pour ainsi dire, une **vérité**
universelle.

Au fond des jugements de la conscience, nous
trouvons donc cette croyance qu'il y a une distinction du bien et du mal la même pour tous, une
*vérité morale sur laquelle tous les esprits doivent
s'accorder*. Et c'est pourquoi, si quelqu'un ne conforme pas sa conduite à une règle que nous considérons comme obligatoire moralement, nous

jugeons qu'il a *tort* et qu'on peut obliger son esprit à le reconnaître. *L'obligation morale vient de l'idée et du sentiment de la valeur universelle de certaines règles.*

Lois morales. — C'est justement parce qu'on les conçoit comme valables universellement que les maximes obligatoires moralement sont appelées *lois morales*. Les lois de la nature sont, pour ainsi dire, les règles universelles que suivent réellement les choses. Les lois morales sont les règles que toutes les volontés *devraient* suivre.

§ II. — **Les sources de la conscience**.

La conscience, avons-nous dit, est formée d'éléments d'origines différentes. Beaucoup nous viennent de la société.

Part de la société dans la formation de la conscience. — Une société, quelle qu'elle soit, nation moderne, clan primitif, famille, église, ne peut pas ne pas imposer à l'individu l'observation de certaines règles. Ces règles peuvent être absurdes, si l'on a, dans ce moment, des opinions absurdes sur ce qui est socialement utile ; elles peuvent être injustes si la société est, elle-même, bâtie sur l'injustice. Mais la société les impose avec une naissance écrasante, car elle est forte et l'individu est faible. Elle a pour elle les sanctions proprement *pénales* et surtout les sanctions qu'on pourrait appeler *diffuses*, telles que blâme, mépris, déshonneur, refus de moyens d'existence.

Elle les impose à l'individu dès l'enfance. Elle en fait passer l'observation à l'état d'*habitudes*. Une multitude d'associations s'établissent dans l'esprit entre l'idée de certains actes et l'idée d'ordre impérieux et cette idée d'ordre est accompagnée de tout un cortège de sentiments (joie, impression de sécurité, ou, au contraire, peur, honte).

Si bien que l'individu finit par éprouver un malaise profond à ne pas accomplir ces actes, une joie à les accomplir, même quand il ne s'attend pas à leurs sanctions habituelles.

Ainsi la société transforme profondément la nature humaine; elle la *socialise*, elle y implante des tendances à observer certaines règles relatives à la vie sociale.

La vie sociale n'explique pas complètement la conscience. — De ce qui précède faut-il conclure avec beaucoup de philosophes et de sociologues que la conscience morale est intégralement le produit de la vie sociale (1)?

Il est probable que la conscience fut d'abord entièrement constituée par ces éléments empruntés à l'expérience de la vie sociale. Les hommes obéissaient aux règles de leur petit groupe social par peur, par imitation, par impulsion aveugle. Telles les abeilles qui observent instinctivement les prescriptions de la ruche.

La source de l'obligation a donc été d'abord,

(1) On appelle *empiriste* cette thèse parce qu'elle fait résulter la conscience de l'*expérience* des sanctions sociales des actes. (Stuart Mill, Spencer, M. Durckheim, etc.)

pour les hommes, *en dehors de leur raison*, dans les sanctions sociales, dans l'imitation, dans leurs habitudes.

Mais cette conscience primitive, produit de la vie sociale, mérite-t-elle le nom de conscience morale? En tout cas, tout autre est la forme de la conscience qui s'est dégagée et se dégage à mesure que la raison se développe dans l'individu. Cette forme nous l'avons analysée. Or :

a) Son caractère essentiel est que l'obligation y est *intérieure* et dans la raison même de l'agent. Nous avons le sentiment qu'il faut observer certaines règles, non parce que notre groupe social particulier nous les impose, mais parce que notre raison les conçoit comme bonnes universellement.

b) Il y a plus : si nous ne nous révoltons pas, dès qu'il nous est possible, contre les lois de la société, ce n'est qu'autant qu'elles nous paraissent justifiables par des raisons communicables et vraies universellement. Aussi, n'y a-t-il pas, en fait, d'autorité dans les sociétés humaines qui ne se recommande de son accord avec la conscience.

Donc la forme de l'obligation morale, c'est-à-dire l'idée qu'il faut respecter pour elles-mêmes des lois valables universellement, ne vient pas de la vie sociale; elle est même antérieure logiquement à la vie sociale en ce sens qu'elle prête de l'autorité aux lois qu'impose la société.

Seulement il faut reconnaître, d'autre part, que c'est surtout la société *qui donne une matière à cette forme* : ce sont, le plus souvent, les actes commandés par notre famille, nos maîtres, notre milieu que, par habitude et sans raisonner, nous considérons comme absolument et universellement bons. Dès l'enfance, par exemple, on nous impose *la pudeur* : des associations s'établissent entre cette prescription et l'idée du devoir absolu *qui vient de nous* ; si bien que, plus tard, sans pouvoir en donner de preuves, nous tenons la pudeur pour une obligation morale. Les jugements de la conscience sont donc, le plus souvent, *instinctifs, irréfléchis* et ont pour matière les prescriptions sociales.

§ III. Evolution et contradictions de la conscience morale.

Tous les groupes non civilisés considéraient et considèrent encore comme une obligation sacrée de venger la mort d'un des leurs, en allant tuer un membre quelconque de la tribu à laquelle appartient le meurtrier. C'est le *devoir de vengeance*. La vendetta des Corses est une survivance de cette moralité primitive (1). Ainsi des actes et des sentiments que notre conscience réprouve violemment ont été et sont pour d'autres d'impérieux devoirs.

Généralisons ce fait : Les consciences collectives de deux groupes sociaux (*Ex. :* d'une nation eu-

(1) Darwin raconte le fait suivant : Un sauvage australien, employé par un colon anglais, perdit une de ses femmes et attribua cette mort à un maléfice. Il annonça donc à son maître son intention d'aller tuer une femme dans une tribu éloignée. Il lui fut répondu que, s'il le faisait, on le mettrait en prison. Il resta donc ; mais le remords le rongeait ; l'esprit de sa femme le hantait, lui reprochait sa négligence. Un jour il disparut ; au bout d'une année il revint, satisfait de lui-même : il avait rempli son devoir.

ropéenne et d'une nation asiatique) se contredisent
quant à leur matière. L'une considère comme absolument bon l'acte A ; l'autre considère comme
tel l'acte non-A.

Surtout la conscience collective se contredit
dans le temps.

Elle évolue et se transforme constamment dans
tous les domaines. Exemple : touchant les droits
et les devoirs économiques (répartition des ri
chesses, prêt à intérêt, etc.), les droits et les devoirs
matrimoniaux, politiques, etc.

Enfin la conscience collective n'est jamais parfaitement cohérente. Elle renferme des consciences individuelles qui se contredisent.

Sens des transformations de la conscience. —
Quand on jette un regard d'ensemble sur ces
transformations de la conscience, il semble bien
qu'elles suivent une direction et que cette évolution soit un progrès vers une idée qu'on pourrait
définir ainsi : *la reconnaissance du devoir pour
l'individu d'effacer la prépondérance de son individualité et d'attribuer au bien de ses semblables
autant de valeur qu'au sien propre.*

De plus en plus l'accord se fait sur cette idée,
comme en témoigne l'adhésion de tous les peuples
civilisés à ces grandes formules : « Droits égaux
pour tous » ; « Justice et fraternité » ; « Aimez
votre prochain comme vous-même ».

Sans doute ces grandes formules demeureront
éternellement ; mais sans doute aussi, le progrès
continuant, on reconnaîtra toujours, à un moment
donné, combien on comprenait leur contenu d'une

façon grossière au moment précédent et notre conscience actuelle paraîtra barbare à notre conscience de demain.

Causes des transformations de la conscience. — Bornons-nous à classer les principales de ces causes :

A) CAUSES SOCIALES. — Puisque c'est surtout la société qui donne une matière à la conscience morale, il est inévitable que, dans une très large mesure, la conscience morale soit *fonction* de l'organisation sociale. Que la société se modifie et certains actes cesseront de paraître obligatoires moralement.

Ex. : Les vertus guerrières telles que courage, ruse, insensibilité, sont peu à peu subordonnées par la conscience aux vertus pacifiques telles que travail, loyauté, bienveillance, à mesure qu'on passe de conditions d'existence violentes, où les groupes sociaux sont toujours en guerre et en chasse les uns contre les autres, à un état social plus paisible et plus policé. (Sparte pour les premières ; Athènes pour les secondes.) — Toutes les causes, énumérées par les historiens, qui amènent en France la dissolution des castes privilégiées, développent dans les consciences l'idée que tous doivent avoir des droits politiques et civils égaux.

B) CAUSES INDIVIDUELLES. — *Initiative du cœur et de la raison individuelles.* — Nul ne conteste que les philosophes grecs, Socrate, Platon, Aristote et surtout les stoïciens aient contribué à *dénationaliser* la conscience ; ils l'ont amenée à concevoir que les droits et les devoirs de chacun à l'égard de ses concitoyens existent aussi à l'égard des étrangers.

Avant Mahomet régnait entre les clans arabes leur croyance au devoir de vengeance. Mahomet fit triompher l'idée que les membres de clans différents devaient se traiter entre eux comme les membres d'un même clan.

Ce sont là des exemples *éclatants;* mais innombrables sont les actions du même genre sur la conscience collective. Quelle est l'origine de ces actions? Une *invention morale,* fruit de sentiments et de réflexions individuels. Par le cœur et la raison, certains individus éminents sont arrivés à comprendre que certains actes tenus pour absolument et universellement bons ne pouvaient pas être considérés comme tels, tandis que d'autres le devaient, qui étaient tenus pour indifférents. Et ces inventions ont fini par s'incorporer dans la conscience individuelle puis dans la conscience collective.

Fait de première importance. *Il montre que même dans sa matière la conscience n'est pas le produit nécessaire de la société.* La raison, fécondée par le cœur, peut y intervenir pour y établir quels actes sont bons, quels mauvais.

§ IV. — **Problème posé par l'étude de la conscience. — Objet de la morale.**

Précisons l'objet des transformations de la conscience. Que l'individu ait des devoirs différents quand les circonstances sont différentes, cela va de soi. Que, dans une société peu organisée, il ait par exemple le droit de se défendre lui-même, tandis que, dans un état social policé, il a le devoir de s'abstenir de défense personnelle pour recourir aux tribunaux, nulle contestation à ce sujet. Mais soutenir que les devoirs changent avec les circonstances, ce n'est pas changer d'opinion. Les transformations de la conscience consistent en ce que les hommes ont eu des opinions différentes sur les devoirs qui s'imposent, les circonstances restant les mêmes.

Or, nous n'hésitons pas à croire que certaines de ces opinions sont fausses, que les hommes ont eu tort, par exemple, de reconnaître, même dans les conditions d'existence d'autrefois, la vengeance comme un devoir et l'esclavage comme un droit. C'est tout de même que nous déclarons fausses certaines hypothèses scientifiques.

Mais cette croyance revient à dire que nous pensons vraie l'idée essentielle de la conscience. Nous pensons qu'il y a des règles que tous les hommes devraient reconnaître bonnes ; nous pensons qu'il y a *une vérité morale* et que nous pouvons discerner ce qui est bon de ce qui est mauvais moralement.

Sans critérium des jugements scientifiques, il nous faudrait être sceptiques dans les sciences et renoncer à établir quelles hypothèses sont vraies et quelles fausses.

Sans critérium des jugements moraux, il nous faudrait être sceptiques touchant nos devoirs et renoncer à déclarer que tantôt la conscience a eu tort et tantôt raison.

Mais avons-nous ce moyen de discerner la vérité des jugements moraux ?

Objet de la morale. — La réflexion sur cette question constitue la morale conçue comme science.

On peut, suivant l'usage, diviser la morale en deux parties, ou plus exactement, distinguer deux ordres de questions qu'elle doit résoudre :

A) MORALE THÉORIQUE. — Elle s'efforce d'établir, par des raisons communicables, c'est-à-dire acceptables de tous, un principe des jugements moraux, permettant de discerner le bien du mal ;

B) MORALE PRATIQUE. — Elle poursuit l'application de ce principe et s'efforce de déterminer nos devoirs dans les principales circonstances de la vie.

La conscience morale spontanée est contradictoire, confuse. La science morale cherche à substituer à cette conscience spontanée une connaissance raisonnée et systématique.

Primauté de la morale. — Elle ne peut être placée, en effet, sur le même rang que les autres spéculations. Elle est *première*, pour ainsi dire, en dignité.

Les divers arts, aussi bien celui de bâtir des maisons que celui de faire la guerre ou encore celui de trouver la vérité dans les sciences de la nature, nous enseignent les moyens d'atteindre diverses fins. Mais quelle est la valeur de ces fins, quelles sont les fins dernières (1) de la vie, quelle est notre destination et que devons-nous faire ? Nous n'atteignons à la pleine dignité d'être raisonnable qu'autant que nous cherchons à répondre à ces questions non par l'instinct, mais par la raison.

____

(1) *Une fin dernière* est celle qui n'est plus moyen par rapport à une autre. Ainsi la construction d'une maison n'est pas une fin dernière puisqu'elle a, à son tour, pour fin la location ou l'habitation.

MORALE THÉORIQUE

CHAPITRE V

LES SYSTÈMES DE MORALE

Origine de la spéculation morale. — Dans l'humanité primitive, comme nous l'avons dit, la conscience de l'individu est toute *sociale* et *religieuse*. Il accepte sans réflexion les devoirs prescrits par la coutume et surtout les considère comme des ordres des volontés divines. C'est irriter les dieux ou les esprits des morts que de manquer à l'un de ces devoirs.

Les spéculations morales, qui se poursuivent encore de nos jours, commencèrent en Grèce à l'époque de Socrate. Les circonstances étaient favorables à l'éveil de la réflexion : les croyances religieuses s'affaiblissaient et la démocratie avait ébranlé toutes les institutions, toutes les coutumes. D'autre part, les Grecs avaient l'esprit naturellement discuteur et subtil. Ils se prirent donc à spéculer, avec une grande liberté de pensée, sur le bien et le mal.

§ I. — **Le scepticisme moral. L'école cyrénaïque.**

C'est en Grèce que fut professé pour la première fois un scepticisme moral réfléchi et philosophique, c'est-à-dire *qui érige en théorie le scepticisme pratique* des gens sans conscience. Des sophistes (1) prétendaient que l'on peut toujours soutenir, par des arguments d'égale force, qu'un acte est bon et qu'il est mauvais moralement.

Le fondateur d'une école philosophique, Aristippe de Cyrène, enseignait les propositions suivantes : Le vrai bien, celui que la « nature » nous indique comme tel, est le plaisir ; de deux plaisirs le plus intense est le meilleur, et il est absurde de croire, par exemple, que les plaisirs de l'âme soient préférables à ceux du corps ; il faut prendre le plaisir quand on le trouve et ne pas sacrifier celui qui s'offre immédiatement à un bonheur futur, car l'avenir est incertain ; quant à l'idée qu'il faut être juste et qu'il y a une distinction universelle du bien et du mal, elle n'est qu'un préjugé, une *convention* dont n'est pas dupe l'homme fort. Il est d'ailleurs intéressant de constater que l'un des derniers représentants de l'école cyrénaïque, Hégésias, surnommé l'orateur de la mort, conseillait le suicide, mettant ainsi en lumière le principe de désespoir que recèle le scepticisme moral ; car si le seul but est le plaisir immédiat, la vie ne vaut pas la peine d'être vécue.

Cependant, c'est aussi dans l'enseignement des grands philosophes grecs (Socrate, Platon, Aristote, les stoïciens, Épicure) que l'on trouve les germes de tous les grands systèmes de morale

____

(1) Les sophistes étaient, en quelque sorte, des professeurs d'éloquence. Ils formaient des orateurs et les préparaient à la politique.

qui se sont développés dans la suite, à mesure que la conscience se transformait elle-même et que le christianisme, par exemple, et la civilisation moderne l'enrichissaient de nouveaux sentiments.

§ II. — Objet des systèmes de morale.

Les théories morales *ne créent pas* la conscience. Ce ne sont pas les philosophes, avec leurs spéculations, qui inculquent dans l'esprit des hommes l'idée qu'ils ont des devoirs. La conscience morale spontanée précède les spéculations.

Quel est donc l'objet et pour ainsi dire la fonction de ces spéculations? Elles admettent qu'il y a des devoirs et surtout des devoirs sociaux ; elles partent donc de la conscience spontanée, mais, comme nous l'avons montré, *elles essayent de la reconstruire sur la base d'un principe;* elles se proposent de trouver la raison générale d'observer des devoirs, et, au nom de cette raison, de justifier les uns, d'écarter et de modifier les autres.

Utilité de la spéculation. — Si les spéculations morales ont simplement pour fonction de systématiser la conscience, on peut se demander quelle est leur utilité. On pourrait être tenté de conclure, en effet, qu'elles n'ont d'autre intérêt que de satisfaire l'intelligence et que, si les savantes constructions des stoïciens ou d'Epicure, de Kant ou de Spencer, sont de grands événements intellectuels, elles sont sans action ni importance pratique.

Ce serait là se tromper sur les résultats de la

pensée spéculative. Nous avons déjà indiqué l'influence des philosophes grecs sur la conscience collective et, sans doute, tout homme qui pense exerce, en quelque mesure, une influence analogue : — *a*) Et d'abord, en systématisant la conscience, on ne la crée pas, il est vrai ; cependant, on la modifie et on la rectifie sur certains points. *b)* Mais surtout les systèmes de morale cherchent à donner l'intuition d'un idéal, à faire prendre conscience de la valeur supérieure d'une certaine manière de vivre. Et il est impossible que cette intuition, cette prise de conscience soit sans action sur la volonté.

L'importance du stoïcisme, de l'épicuréisme, du christianisme, n'est pas d'avoir dressé une liste nouvelle de devoirs, mais d'avoir ouvert des sources nouvelles de vie dans les âmes.

Diverses questions de morale théorique. —Comme nous l'avons dit : elle cherche à *reconstruire les jugements de la conscience sur la base d'un principe*, c'est-à-dire à justifier les uns, à écarter ou modifier les autres au nom d'un principe.

On aperçoit facilement les diverses questions qui se posent pour toute théorie morale, car ce sont les questions mêmes que la vie nous pose à chaque instant : Dans quelle mesure l'intérêt particulier doit-il être subordonné à l'intérêt général ? Certes le premier a pour l'individu une valeur unique, inexprimable ; mais le second est supérieur aux yeux d'un spectateur impartial et ne faut-il pas se placer au point de vue de ce spectateur ? Est-il vrai que le bonheur doive être subordonné au devoir, mais quels sont les titres de ce devoir à passer avant le bonheur? L'individu a-t-il pour fin dernière de veiller à sa pureté intérieure et à la sainteté de son âme, comme faisait l'ascète chrétien se séparant du monde pour mieux accomplir l'œuvre de son salut, — ou, au contraire, de se vouer à l'amélioration sociale?

Toutes ces questions constituent le problème de notre destinée.

§ III. — La recherche du principe de la morale.

On trouve, dans l'histoire de la philosophie, une grande diversité de systèmes de morale, car divers sont les principes qu'on peut prendre comme base de reconstruction des jugements moraux et diverses les fins qu'on peut considérer comme les fins dernières de la vie : *bonheur individuel, intérêt social, satisfaction des penchants altruistes, conformité à la raison, obéissance à la volonté divine.*

Ce sont là tout autant de façons de comprendre le sens de la vie, mais leur diversité est déconcertante et montre la nécessité de procéder avec méthode dans la recherche d'un principe.

Le problème du fondement de la morale n'est pas sans analogie avec celui du fondement de la science.

La science existe. Nous établissons des vérités scientifiques en faisant spontanément des raisonnements déductifs ou inductifs. Mais la philosophie, qui veut une satisfaction complète de l'esprit, creuse au-dessous de ces raisonnements pour chercher ce qui les rend possibles et elle découvre qu'ils ont pour fondement les principes d'identité et de causalité. Pour raisonner, il faut croire que la nature est conforme à ces principes.

De même, en fait, nous admettons qu'il y a des devoirs valables universellement. Celui qui les observe pense qu'il peut se justifier à ses propres yeux et aux yeux de ses semblables. Celui qui ne les observe pas pense qu'il a tort. Les hommes ne sont pas toujours d'accord sur ce qui est vrai moralement, mais ils admettent qu'il y a une vérité morale à laquelle devraient être conformes leurs actes, leurs rapports, et toutes les institutions sociales.

Or, la philosophie creuse aussi au-dessous de ce fait pour en trouver la possibilité. A quelle condition peut-il y avoir des règles que tous doivent reconnaître comme bonnes? Quel est le fondement de la vérité morale?

Poussons plus loin encore les termes de la question.

Les règles de l'hygiène ne sont obligatoires qu'autant qu'on estime la santé d'un plus haut prix que les plaisirs immédiats des sens.

En d'autres termes, nous l'avons vu, toute obligation est relative à une fin, ou, ce qui revient au même, à une tendance dont on considère la valeur comme supérieure à celle des tendances contraires. Quelle est donc la fin, quelle est la tendance dont il faut poser la valeur comme souveraine pour fonder des devoirs valables universellement?

Trois solutions. — On peut chercher le point d'appui des lois morales dans trois groupes distincts de tendances.

Supposons qu'on veuille nous donner une raison d'être juste.

A) On peut faire valoir que la pratique de la justice est pour nous le seul moyen d'obtenir que les autres soient justes à notre égard. En ce cas, on fonde la justice sur nos tendances égoïstes et notre intérêt personnel.

B) On peut faire appel à la pitié et à la bonté de notre cœur et par conséquent à nos penchants altruistes.

C) Mais nous pouvons, encore, vouloir nous conformer à des règles qui se justifient universellement, non dans notre intérêt ou dans celui d'autrui, mais par respect pour ces règles qui constituent une vérité commune et parce que nous sommes des êtres pensants. Nous pouvons aimer la justice pour elle-même et désirer simplement avoir raison.

Peut-on fonder des règles valables universellement sur l'intérêt personnel, ou sur les penchants altruistes, ou seulement sur la volonté d'avoir de telles règles ?

CHAPITRE VI

L'INTÉRÊT INDIVIDUEL COMME FONDEMENT DE LA MORALE

§ I. — **L'intérêt individuel**.

Chacun de nous vit, dans une certaine mesure, d'une vie individuelle.

Que l'on n'entende pas, par là, que nous sommes indépendants des autres, déliés de toute solidarité. L'indépendance est impossible. Seulement, chacun de nous est différent des autres, ou au moins distinct et en dehors d'eux. La base de cette existence distincte est notre corps qui, dans l'espace, est en dehors des autres corps.

Le corps est vivant et se conserve à peu près identique à lui-même. Nous avons conscience, par une foule de sensations, de ce qui se passe en lui et ces sensations forment le sentiment de notre *moi*, que nous distinguons du *moi* d'autrui.

Dans cette individualité prennent racine des tendances vivaces, ardentes, qui ont pour fin sa conservation et son accroissement aux dépens du reste des choses. Ces tendances se multiplient à

mesure que les conditions d'existence deviennent
plus complexes, que l'intelligence se développe en
correspondance avec cette complication. *Ex.* :
tendance vers tout ce qui est nécessaire à la vie
du corps, tendance à se protéger contre tout ce
qui menace ; tendance au bien-être ; tendance à
amasser de l'argent ; tendance à faire prédominer
et admirer son moi (orgueil ; vanité). La satisfaction de ces tendances, voilà ce qui, rigoureusement parlant, constitue l'*intérêt individuel.*

§ II. — **Comment on peut essayer de fonder
des devoirs sociaux sur l'intérêt individuel.**

L'entreprise semble d'abord paradoxale. Si
mon individualité est mon souci exclusif ; si elle
est mon centre unique de perspective, je ne puis
considérer les choses et les êtres que comme des
moyens par rapport à elle. Mais, dans cet égoïsme,
quelle raison puis-je trouver d'observer des règles
d'une valeur sociale, telles que mes semblables
puissent m'approuver de les suivre, et, par exemple, des règles de justice et de bienveillance ?

L'entreprise a été tentée cependant ; seulement
il est bien entendu qu'en fondant les devoirs
sociaux sur l'intérêt individuel, on leur ôte ce
caractère d'obligation absolu que leur reconnaît
la conscience instinctive. On nous dit, non que ces
règles sont bonnes par elles-mêmes, mais, simplement, qu'il vaut mieux les suivre dans l'intérêt
de notre conservation et de notre succès.

A) *Solidarité de l'intérêt individuel et de l'intérêt*

général. — Comment trouver dans l'intérêt individuel les raisons d'observer des devoirs à l'égard de l'intérêt général ? La seule issue, pour les philosophes qui l'ont tenté, est de prétendre qu'il y a solidarité et coïncidence parfaite entre l'intérêt de l'individu et l'intérêt de tous. Par la division du travail, la société devient une vaste collaboration ; l'individu vit de cette collaboration et il est donc de son intérêt de collaborer de son mieux. Sa relation à la société est analogue à la relation de l'organe à l'ensemble du corps ; or, ce qu'il y a de plus utile à l'organe, n'est-ce pas qu'il contribue à la santé du tout ? N'est-il pas vrai que nous trouvons notre plus grand avantage à faire notre métier avec zèle, or notre métier est la fonction spéciale par où nous servons l'ensemble ? N'est-il pas encore vrai, par exemple, qu'une association de secours mutuels, image de ce que devrait être la grande société, ne peut vivre et être utile à tous que par la bonne volonté sociale de chacun de ses membres ?

B) *Le droit fondé sur cette solidarité*. — Certes, les philosophes qui veulent fonder sur l'intérêt individuel le devoir de respecter le droit des autres sont obligés de modifier la notion ordinaire du droit. L'idée d'un *droit naturel* que la raison doit reconnaître à tous les hommes par le seul fait qu'ils sont hommes est pour eux une idée fausse. C'est une idée « mystique », dit l'un d'eux (Bentham), c'est-à-dire une illusion de l'imagination. Suivant un autre (Hobbes), l'homme n'a, *par nature*, qu'une certaine force et non des droits. Cependant l'individu vit *dans* et *par* la société ; or, la société n'est possible que si l'individu respecte une certaine liberté chez ses semblables qui, à cette condition, respecteront la sienne. C'est sur ce calcul d'intérêt que peut se fonder le droit, dépouillé, il est vrai, de tout caractère auguste et sacré et de toute valeur absolue.

On peut aller plus loin. Si les libertés accordées à certains membres de la société sont insuffisantes, ils finiront fatalement par en obtenir de plus grandes, en employant, au besoin, la révolution violente. Il faudra alors changer les droits et la législation qui les sanctionne. L'expérience apprend que l'équilibre le plus stable est celui d'une société où les libertés garanties à tous sont aussi égales que possible. De la sorte, le principe même de l'égalité des droits peut être fondé sur l'utilité individuelle (1).

1) Cette idée de fonder le droit sur les conditions de l'intérêt individuel dans la vie sociale est très ancienne. On la trouve chez *Épicure*. Epicure dit en propres termes que la justice et le droit sont fondés « sur un pacte d'utilité ». Il est utile à chacun d'observer les conventions faites, afin que les autres les observent à son égard.

De même *Bentham*, autre grand philosophe de ceux qu'on appelle utilitaires, le fondateur du radicalisme anglais au début du xix° siècle. Il expose que l'idée de droit naturel est une « idée mystique ». Le droit n'est qu'une liberté garantie par la société, ou, comme il dit, une *conséquence du délit*. La société n'est possible qu'en punissant certains actes, c'est-à-dire en créant des délits Elle limite, par là, les libertés de tous, et du même coup garantit à tous des libertés correspondantes qui sont les droits. Délits, droits, autant de créations nécessaires à la société et, par conséquent, utiles à l'individu.

Des philosophes plus récents ont approfondi l'étude des conditions de la vie sociale qui rendent nécessaires les droits. Ainsi, pour l'école de Karl Marx, quand les moyens de production économique viennent à changer, les conditions de l'équilibre social changent et il faut changer les droits, c'est-à-dire les libertés garanties par les

§ III. — Critique de l'argumentation précédente.

Accordons que, dans une très large mesure, il y a solidarité entre l'intérêt individuel et l'intérêt social. Nous avons parlé autre part de la lutte pour la vie; or, il est vrai que, le plus souvent, les hommes ont mieux à faire, pour vivre, que de lutter les uns contre les autres. Il leur vaut mieux collaborer et accroître leurs moyens d'existence par cette collaboration. Il est vrai que la reconnaissance de droits et même d'une certaine égalité dans les droits est une condition d'équilibre social, à laquelle il faut se soumettre de gré ou de force. Et le droit serait bien fragile s'il ne trouvait, le plus souvent, un appui solide dans les intérêts individuels.

Il faut accorder tout cela. Mais, par contre : *a*) On ne peut nier que toutes les sociétés connues jusqu'ici ont présenté et présentent *de formidables oppositions* entre l'intérêt individuel et l'intérêt général. Plus exactement, il y a une limite en deçà de laquelle les deux intérêts coïncident, au delà de laquelle ils s'opposent. Il est souvent possible à un homme de faire de ses semblables les instruments de son égoïsme; il lui est souvent possible, par exemple, de s'approprier plus de ri-

lois. Depuis le xviii⁰ siècle, par exemple, l'emp'oi des machines a mis en antagonisme les propriétaires de ces nouveaux moyens de production et les travailleurs qui les emploient sans les posséder. De là des révolutions violentes et des troubles latents, et l'équilibre ne se rétablira que par de nouveaux droits garantis aux travailleurs.

L'idée du droit, dans cette tradition philosophique, est donc *logiquement* postérieure et non antérieure à la société.

chesses que ne valent les services qu'il rend, et
cela, par des moyens qui ne se retournent pas contre
lui ; on voit souvent dans l'histoire des classes sociales exploiter d'autres classes tout en maintenant l'équilibre de la société. (*Ex.:* l'esclavage, le
servage, etc.)

b) Dira-t-on que, par la révolte des opprimés,
l'humanité réalise progressivement un état de
solidarité plus exacte entre l'intérêt individue¹ et
l'intérêt général et qu'elle contraint l'égoïsme de
chacun à respecter une plus égale liberté chez les
autres? Soit, mais il n'en reste pas moins qu'on
ne saurait prouver à celui qui jouit actuel'ement
d'un privilège qu'il est utile à son égoïsme de
contribuer à l'avènement de cet état idéal.

Il faut donc renoncer à l'entreprise de fonder
une morale sociale sur la valeur de l'intérêt individuel. Le seul égoïsme ne conduit pas l'individu
à observer ses devoirs à l'égard de l'intérêt général.

CHAPITRE VII

L'AMOUR D'AUTRUI, COMME PRINCIPE
DE LA MORALE

§ 1. — Les sentiments altruistes.

C'est une complète erreur psychologique de croire la nature humaine exclusivement égoïste ou même de tenir l'égoïsme pour primitif, fondamental, tandis que les penchants altruistes seraient superficiels, dérivés, frêles.

Comment pourrions-nous être exclusivement égoï-tes? Dans les sociétés animales, chez les abeilles, par exemple, nous voyons les penchants tendant à la conservation de l'espèce ou du groupe dominer impérieusement tous les autres. L'abeille se dévoue, pour ainsi dire, nécessairement à sa ruche.

Or, l'homme fait partie des êtres qui vivent en société. Comment admettre que les lois biologiques ou psychologiques qui font éclore ou développent l'altruisme dans l'âme animale, n'aient pas les mêmes effets dans l'âme humaine?

De fait, l'âme humaine, normalement développée, abonde en sentiments altruistes si puissants qu'ils triomphent, à l'occasion, de l'instinct même de la conservation. *Ex. : a.* Nous aimons individuellement les membres de notre famille, nos amis ; nous avons de la pitié pour tout homme que nous voyons malheureux. — *b.* Nous aimons certains groupes sociaux, considérés, pour ainsi dire, comme distincts de ceux qui les composent : notre famille, notre patrie. Nous sommes heureux ou affligés, orgueilleux ou honteux des maux ou des biens, des succès ou des revers de la société dont nous faisons partie. Notre âme devient l'âme de cette vie collective (sentiments sociaux). — *c.* Nous avons le sentiment de l'honneur, le souci aigu de l'opinion publique, le besoin impérieux d'être estimé : il y a là toute une puissante famille de sentiments mixtes, égoïstes par un côté, mais par un autre altruistes et sociaux. L'égoïste absolu ne serait-il pas cyniquement indifférent à l'opinion de ses semblables, dès qu'elle serait sans effet sur son intérêt individuel ?

Il n'est pas vrai que l'égoïsme soit *primitif*, c'est-à dire qu'il existe seul au début de la vie, l'altruisme ne se développant que plus tard. En effet, l'enfant constitue surtout sa personnalité par l'imitation des actes et des sentiments de ceux qui l'entourent. Or, imiter les sentiments d'autrui, c'est les éprouver. L'enfant n'est donc pas tout d'abord distinct des siens et il les aime tout aussitôt qu'il s'aime lui-même.

La valeur absolue d'autrui. — Tant que nous sommes rivés à notre individualité par notre égoïsme, nos semblables nous sont indifférents ou bien ils ne nous intéressent que dans la mesure où ils ont quelques rapports avec nos fins personnelles, les pouvant servir ou empêcher. De ce centre de perspective les autres n'ont, à nos yeux, qu'une valeur relative, comme moyens possibles pour nos fins.

Avec les sentiments altruistes, tout change ; l'intérêt se renverse : nous sommes transportés soudain au point de vue d'autrui. Nous compatissons à ses besoins, à ses peines, à ses sentiments ; nous voulons le bien de la société ou despersonnes que nous aimons. Cette société, ces personnes cessent donc d'être pour nous des moyens ; par cet amour que nous leur portons, elles deviennent des fins ; elles prennent, à nos yeux, une *valeur absolue.*

Etroitesse et partialité de l'altruisme. — Seulement, il faut reconnaître que si l'altruisme est, parfois, plus fort que l'égoïsme, souvent aussi, le plus souvent même, il est plus faible. Il faut reconnaître que toujours même dans les plus grandes âmes, il est *partial* et *étroit :* nous aimons ceux-ci plus que ceux-là, notre famille ou nos compatriotes plus que les étrangers : et le plus grand nombre de nos semblables nous restent indifférents. Qui donc s'intéresse de cœur à ses descendants de la dixième génération ?

§ II. — L'altruisme comme fondement des devoirs.

Que peut être une morale fondée sur les sentiments altruistes ? Ce qui la caractérise, c'est qu'elle pose l'amour d'autrui à la fois comme *matière* et comme *fondement* du devoir : *a*. La matière du devoir, par où il faut entendre ce qui nous est commandé, est d'aimer sans limites nos semblables. D'où l'obligation de *fortifier* en nous cet amour et surtout de le *généraliser*, car si nous aimons les uns et non les autres ou les uns plus que les autres, c'est donc que notre amour est insuffisant et limité. En cela, la morale altruiste est d'accord avec bien d'autres théories et particulièrement avec la morale chrétienne. — *b*. Mais pourquoi ce devoir? Le christianisme, par exemple, le fonde sur la valeur absolue de l'amour pour Dieu. Le but dernier est d'aimer la volonté souveraine, et, une fois transportés en elle par un abandon définitif de nous-même, apparaît l'obligation subordonnée d'aimer les créatures.

Pour la morale altruiste, l'amour d'autrui vaut par lui-même, absolument. Il est le fondement de tous les devoirs particuliers, mais n'a d'autre fondement que sa valeur propre.

Dans le xiiie siècle, cette idée a rencontré une grande faveur par cette raison que beaucoup de penseurs ont été préoccupés de garder le *contenu* de la morale chrétienne tout en éliminant la conception du monde qui est à sa base.

Saint-Simon et Auguste Comte (1). — Saint-Si-

(1) Saint-Simon, chef de l'école qui porte son nom. Sa pensée, par des infiltrations secrètes, a eu de l'influence aussi bien en Angleterre et en Allemagne qu'en France. Nous avons déjà parlé d'Auguste Comte, fondateur de l'école positiviste. Le mot « altruiste » est de son invention. La religion positiviste compte encore des adeptes et possède des églises

6

mon la développa dans un livre au titre significatif : *Nouveau Christianisme*. Auguste Comte la
prit de Saint-Simon, dont il fut le disciple, et lui
donna une forme systématique très puissante :
L'individu doit à l'humanité ses sentiments, ses
facultés intellectuelles et même la satisfaction de
ses besoins matériels. Elle est sa Providence. Il
est sa créature. Il n'existe que par elle et en elle.
Plus exactement il est une « abstraction » et l'Humanité est « le Grand Etre ». — Dans l'étroite
et chaude solidarité de la famille naissent des
sentiments altruistes. Si faibles qu'ils soient, dès
que nous entrevoyons la grande solidarité humaine, nous comprenons que la fin absolue de la
vie est de les suivre. La formule du devoir suprême est « *Vivre pour autrui* ». Notre vie, nos
facultés intellectuelles, les biens dont nous sommes propriétaires, notre profession sont autant de
fonctions que nous devons exercer en vue du
tout. Ce principe étant sans limitation ni restriction, il s'ensuit que l'idée du droit de l'individu
doit s'effacer devant celle du devoir : « Le positi-
« visme ne reconnaît à personne d'autre droit que
« celui de toujours faire son devoir... Tout droit
« humain est absurde autant qu'immoral. Puis-
« qu'il n'existe plus de droits divins, cette notion
« doit s'effacer complètement, comme purement
« relative au régime préliminaire et directement
« incompatible avec l'état final qui n'admet que
« des *devoirs d'après des fonctions* (1). »

(1) *Catéchisme positiviste*. — Il faut bien entendre les termes
de cette citation pour ne pas se tromper sur la pensée de Comte. Il
accorde qu'il a été utile, pour ruiner la mauvaise organisation de

— « Subordonner l'égoïsme à l'altruisme, dit
« encore Auguste Comte, voilà le grand problème
« humain. » Or, les sentiments ayant des conditions extérieures, pour développer l'altruisme
A. Comte organise toute une religion, avec son
culte pratique, ses cérémonies, son calendrier de
grands hommes. Il donne à la morale un appareil
extérieur qui en fait *la religion de l'humanité*. Le
Grand Etre remplace le Dieu du christianisme
comme objet de l'amour et de l'adoration.

Stuart Mill. — Le grand philosophe anglais
Stuart Mill subit l'influence des doctrines de
Saint-Simon et de Comte, et, sans qu'il les ait
adoptées dans leur forme particulière, on peut dire
qu'il orienta vers elles ses propres idées.

Selon lui, il n'est pour l'individu d'autre fin
réfléchie possible que le bonheur : mais, dans la
recherche du bonheur, il faut tenir compte de la
qualité des plaisirs, plus encore que de leur *intensité*. Il est des plaisirs qui, bien que moins intenses
que d'autres, cependant, par une *qualité propre*
donnent plus de bonheur. Au premier rang de
ceux-ci se place la joie du dévouement.

La preuve de cette vérité capitale est *expéri-
men'ale*. Tous les hommes qui ont goûté les plaisirs
égoïstes et les plaisirs désintéressés préfèrent les
seconds. Il se peut, certes, qu'ils retombent dans
les joies grossières par faiblesse de volonté ; mais,

l'ancien régime, d'opposer les droits de l'homme aux prétendus
droits divins. Mais, ce résultat obtenu, l'idée du droit doit disparaître. L'individu n'a pas de droits par où il s'opposerait à l'humanité, il n'a que des devoirs.

en ce cas, ils reconnaissent qu'ils ont délaissé le plus pour le moins et ils gardent la nostalgie du bonheur perdu. « Il vaut mieux être un Socrate mécontent qu'un pourceau satisfait. » Et Stuart Mill, se donnant lui-même en exemple dans son autobiographie, rapporte qu'il a manqué le bonheur lorsqu'il le prenait comme but immédiat de la vie, tandis qu'il l'a rencontré en se dévouant au bien social.

De telle sorte, conclut-il, que la recherche du bonheur conduit à pratiquer « la règle d'or de Jésus de Nazareth : Aime ton prochain comme toi-même ». Et, dans un de ses derniers livres, il approuve la religion de l'Humanité, comme la plus raisonnable de toutes les religions.

Guyau. — Un philosophe français du xixe siècle, Guyau, est arrivé, par des voies d'ailleurs personnelles, à des idées analogues à celles de Mill. Selon lui, la vie n'a d'autre fin qu'elle-même. Mais la vie la plus haute et la plus désirable est celle qui, en même temps que la plus *intensive*, est la plus *expansive*, par où il entend la plus répandue en autrui, la plus zélée pour les grandes causes. L'égoïsme n'est qu'une mutilation et une diminution de la vie, produite par les circonstances ennemies, la lutte et les difficultés. Et dans une analyse délicate, le philosophe montre comment les plaisirs les plus égoïstes, les plus matériels, celui de manger par exemple, n'ont tous leurs charmes qu'autant qu'ils sont partagés avec autrui.

§ III. — Appréciation des morales du sentiment.

Il est impossible d'apprécier ces grandes doctrines sans faire quelques distinctions.

Fonction incontestable des sentiments altruistes dans la vie morale. — Comment ne pas voir le rôle indispensable des sentiments altruistes dans l'accomplissement habituel des devoirs?

Regardons en nous-mêmes et nous reconnaîtrons que le plus souvent, quand nous sommes justes et bienfaisants, c'est moins par respect de la justice et du droit eu eux-mêmes que par bonté et pitié.

Regardons au dehors et retenons ce petit fait: c'est un simple livre : *La case de l'oncle Tom*, qui a le plus contribué à rendre impossible le maintien de l'esclavage aux États-Unis. En représentant vivement aux imaginations la misère physique et morale des esclaves, en faisant crier les cœurs de pitié, il a amené les consciences à reconnaître le droit et la justice.

Disons donc que les sentiments altruistes, d'une part, *remplacent* et *soutiennent*, d'autre part, *précèdent* et *éveillent* le sentiment et l'idée qu'il y a des devoirs qu'il faut observer pour eux-mêmes. Le cœur remplace, soutient, précède et éveille la raison. Comment la justice fleurirait-elle si les cœurs étaient égoïstes ? De là l'approbation donnée par la conscience aux sentiments altruistes, comme matière des devoirs : il faut s'efforcer d'être bon. De là la séduction exercée par les morales altruistes.

L'altruisme ne peut constituer le fondement de la morale. — La question précise est de savoir si l'on peut considérer comme constituant la vérité morale ce précepte : « Vivre pour autrui » et les devoirs qui en résultent.

1. Une conséquence de ce précepte accepté sans limitations saute d'abord aux yeux. Si je dois tenir pour un devoir de me dévouer aux autres, les autres, au nom du même principe, doivent tenir pour mauvais ce dévouement de ma part. Le même acte, la même règle ne peut donc être conçue comme valable universellement.

Mais considérons cette contradiction dans sa racine. S'il me faut vivre pour autrui, c'est donc que je dois concevoir mon individualité comme sans valeur, comme indigne d'être prise pour fin. Mais cela étant, comment pourrait-elle valoir d'être posée comme la fin à laquelle autrui doit se dévouer, et pourquoi, encore, l'individualité d'autrui aurait-elle plus de valeur que la mienne ?

2. Pour échapper à ces difficultés, on remplacera la formule : « Vivre pour autrui », par celle-ci : « Se dévouer à l'humanité ». Et, en effet, pensera-t-on, l'humanité est le grand Être. La vie de l'espèce (ou même simplement de la nation) est tellement considérable par rapport à la vie individuelle, considérable en puissance, en durée, qu'elle mérite d'être la fin souveraine de l'individu. Telle est l'idée d'Auguste Comte et même de Stuart Mill.

Idée séduisante en apparence. Cependant, qu'on y prenne garde : entendue d'une certaine façon, et de la façon justement qui séduit le vulgaire, il n'y en a pas de plus vide et de plus décevante.

A) Entend-on, en effet, par humanité, la suite des générations, la collection des individualités? Mais, en ce cas, la seconde formule revient à la première et on retombe dans la même contradiction : l'individualité posée à la fois comme sans valeur pour elle-même et comme ayant une valeur absolue pour autrui !

Otez ce grand mot abstrait d'Humanité et regardez ce qu'il abrite. Il n'est qu'une étiquette, qui désigne des êtres comme nous, imparfaits, impuissants, et surtout *périssables*. La mort emporte tout ce qu'on fait pour leur individualité, puisqu'elle emporte leur individualité.

Des abeilles, mues par l'instinct, peuvent se sacrifier, par exemple, à la simple propagation de l'espèce. Il est impossible que l'homme qui réfléchit ne cherche pas le but de la vie en dehors de cet instinct et qu'il n'aperçoive pas l'échec final d'une morale, en réalité instinctive : si l'individu n'est qu'un moyen, les autres individus ne sont aussi logiquement que des moyens, et il n'y a plus de fin, de but de la vie.

B) Seulement, on peut entendre par « humanité » non la collection des hommes, mais l'ensemble des attributs qui distinguent l'homme de l'animal, la science, l'art, la délicatesse morale et surtout le désintéressement de toutes les individualités à l'égard d'elles-mêmes et leur amour pour la justice, pour la bienveillance réciproque. Avec cette interprétation on évite la contradiction précédente, mais on l'évite parce qu'on abandonne le principe des morales altruistes. On propose à l'individu de se dévouer non à d'autres individus, mais à des fins *supérieures* à toute individualité (1). Et la valeur véritable de la société apparaît alors. Non, elle ne vaut pas comme fin absolue de l'individu, mais comme moyen et condition de ces fins supérieures. Ce n'est que dans et par la société que l'individu peut atteindre, par exemple, la science, la justice, la vie spirituelle.

(1) *Supérieures à toute individualité.* — Précisons par un exemple. L'homme vraiment homme n'aime pas la science, la justice, la paix, l'union des cœurs, parce que ces vertus sont utiles à lui ou même aux autres. Il les aime pour elles-mêmes. Il s'intéresse donc, non aux individualités, mais à des fins qui leur sont supérieures.

CHAPITRE VIII

LA VALEUR ABSOLUE DE LA RAISON COMME FONDEMENT DE LA MORALE

§ I. — Condition de la vérité morale.

Nous cherchons à quelle condition nous pouvons être dans la vérité morale. Plus clairement : *Quelle fin devons-nous proposer pour que les règles suivies par nous en vue de cette fin soient reconnues universellement comme bonnes (soient des lois mo ales)?*

Échec des théories précédentes. — Des discussions qui précèdent, il résulte avec évidence que les règles à suivre pour satisfaire nos penchants égoïstes ou altruistes, relatives par conséquent à ces penchants, ne sont pas des lois morales.

Quoi de surprenant? Les individus ont des besoins et des désirs différents, souvent même opposés et en conflit. Si donc nous prenons pour fin et pour centre l'individualité, soit la nôtre, soit celle d'autrui, notre conduite ne peut être *nécessairement* reconnue comme bonne par tous les êtres raisonnables possibles.

Le point de vue de l'individualité ne peut être un point de vue universel.

La fin qui fonde des lois morales. — Pour être dans la vérité morale, il est donc obligatoire que nous ne nous abandonnions pas purement à notre égoïsme ou à notre bonté naturelle et que notre volonté prenne tout d'abord pour fin absolue, non les résultats de l'acte pour notre individualité ou pour l'individualité d'autrui, mais la conformité à des règles valables universellement.

Il faut, comme l'a expliqué Kant, que notre *intention*, c'est-à-dire le mobile qui nous fait agir, soit le désir de nous conformer à une loi universelle.

Imaginons que deux hommes sont tombés dans une île déserte qui a l'étendue d'un grand champ. Il est presque évident que la seule règle qui puisse être universellement approuvée, c'est que ces deux hommes partagent le champ en proportion de leur travail respectif ou de leurs besoins.

Il se peut que l'intérêt bien entendu ou la pitié naturelle pousse chacun des deux à ce juste partage. Mais ce ne serait là qu'un accident heureux, car, nous l'avons vu, l'intérêt égoïste et la bonté naturelle ne sont pas toujours conformes à la justice.

Pour être justes, il faut donc que les deux hommes aient le désir et *prennent pour fin d'agir d'après une loi universelle.*

Les deux moments de la volonté morale. — La volonté morale doit, en quelque sorte, passer par deux moments. D'abord elle doit se détacher autant qu'il est possible des impulsions égoïstes et altruistes et faire intérieurement effort pour se conformer à des règles universelles. C'est le moment du recueillement et du renoncement ou, plus exactement, de l'*intention morale*. Dans un second moment, celui de l'*action morale*, elle n'a plus qu'à se porter avec toutes les énergies de la passion, vers les fins que ces règles lui paraissent prescrire.

Formule du devoir primordial. — Il est possible maintenant de comprendre que Kant énonce ainsi le devoir antérieur à tous les autres : « *Agis toujours de telle sorte que la règle que tu suis puisse être conçue comme bonne universellement.* »

Nous dirons en employant d'autres termes : Nous devons nous placer au point de vue de ce qui peut être universellement approuvé et nous porter vers ce qui, de ce point de vue, paraîtra bon. Quand nous faisons le mal, c'est que nous nous sommes placés sentimentalement et pratiquement au point de vue particulier, soit de notre individualité, soit de la personne (ou du groupe de personnes, par exemple la nation) que nous préférons. Nous aimons trop et nous servons trop soit nous-mêmes, soit cette personne aux dépens des autres. Nous sommes alors au-dessous d'une justification universelle possible. La partialité de cœur et de volonté, la vie retenue dans l'individualité, voilà la racine du mal.

§ II. — **Fondement de l'obligation morale.**

Toute obligation, nous le savons, a sa source dans la supériorité d'une fin sur les autres fins.

Or, voici que l'obligation de prendre pour fin l'observation de règles valables universellement se révèle comme l'obligation primordiale sur laquelle reposent tous nos devoirs moraux. Où aurait-elle sa source, sinon dans l'excellence de la fin qu'elle nous demande de poursuivre ? Elle est le sentiment de la supériorité de cette fin. La conformité de la vie à la vérité morale, en d'autres termes la vertu a de la valeur par elle-même et c'est cette valeur absolue qui seule peut être le principe de devoirs moraux.

On peut être surpris des difficultés du chemin qu'il a fallu suivre pour en arriver à ce résultat si simple. De fait, un enfant peut comprendre et saisir de la main cette vérité qui revient à ceci : nous devons accomplir certains actes, être justes par exemple et partager le champ, parce que, agissant autrement, *nous aurions tort*. Mais il faut un long effort de réflexion pour se rendre compte de tout ce qu'implique cette parole : « Il ne faut pas avoir tort ». Elle affirme, en réalité, la reconnaissance de cette idée qu'il y a une vérité morale et que, par-dessus tout, ce qui a du prix est d'y conformer sa conduite.

Le juste peut avoir à souffrir pour la justice. Il est exposé à perdre son rang social, sa tranquillité, à voir sa vie en danger. Il se peut qu'il soit méconnu, dénoncé comme un ennemi du bien public. Quand Socrate fut condamné à la ciguë, il avait contre lui toute la multitude ameutée qui l'accusait de détruire la religion et de corrompre la jeunesse. Le juste peut souffrir, mais il n'en a pas moins *raison*. Un théorème de géométrie resterait vrai alors que

tous les hommes, frappés d'ignorance ou de folie,
perdraient la connaissance ou le sens des mathé-
matiques. De même, quand tous aboient après le
juste, celui-ci n'en reste pas moins fidèle à ce que
tous reconnaîtraient nécessairement comme vrai
si leurs yeux se dessillaient. La fin qui pour le
juste a le plus de valeur est de pouvoir se justifier,
en lui-même, par des raisons qu'il juge vraies.

Nature du principe de la morale. — Il faut insister
sur la nature de ce principe ou, plus exactement,
sur la nature de la nécessité avec laquelle il s'impose à l'esprit.

Nous avons déjà comparé la recherche du fondement de la morale et celle du fondement de la
science.

L'analyse nous a révélé que tout raisonnement
scientifique repose sur certains principes tels que
celui d'identité : ce qui est est et ne peut à la fois
ne pas être (ce qui revient à affirmer qu'il y a une
vérité). Il *faut* accepter ce principe, *si* on veut
établir les vérités particulières de la science.

De même, la reconnaissance, *par les sentiments*,
de l'observation de loi universelle comme une
fin absolue et supérieure, est la condition des jugements moraux. Elle rend possible de discuter de
ce qui est bien ou mal universellement.

C'est en ce sens que le principe est démontré,
mais en ce sens seulement. A quelqu'un qui doute
du principe d'identité, on ne peut rien objecter,
sinon qu'il cesse de penser, c'est-à-dire de pouvoir
distinguer le vrai du faux et qu'il n'est plus, suivant le mot d'Aristote, qu'« une plante ».

De même si quelqu'un, cyniquement, se déclare indifférent de cœur au fait de pouvoir justifier sa conduite par des raisons que tous doivent approuver, il n'y a rien à répondre, sinon qu'il se retranche de l'humanité et de la société des êtres raisonnables. En un certain sens donc, le principe, au lieu d'être démontré, est un *postulat* du sentiment. *Il n'y a de devoirs et de droits, comme il n'y a de science, que pour un être qui pense,* c'est-à-dire qui se place au point de vue universel de la vérité.

CHAPITRE IX

LA MATIÈRE DE LA MORALITÉ

§ 1. — L'intérêt général.

Du point de vue de l'universel, quel objet peut
paraître bon à la volonté ? Quand nous avons
obtenu de nous-même l'intention de nous conformer à des lois valables pour tous, quels actes
devons-nous nous proposer, vers quelles fins
devons-nous nous porter ?

La réponse est celle même que fait spontanément
la société, quand elle forme notre conscience.
L'objet et, comme on dit, la matière (1) de la volonté
morale ne peut être que *l'intérêt général*, c'est-à-
dire l'intérêt de tous, de soi-même comme des autres. Avoir égard, lorsqu'on agit, aux conséquences
possibles des actes pour la société, éviter de lui
nuire, chercher à lui être utile, *autant de règles qui
peuvent être reconnues comme bonnes par tous, alors
que les maximes contraires ne le pourraient pas.*

(1) Ces mots philosophiques le *matière* et de *forme* sont commodes,
mais il faut les bien entendre. La *forme* de la moralité. c'est-à-dire
ce qui la constitue, c'est la conformité de l'intention à des lois universelles. Par *matière* on désigne les fins subordonnées qu'on doit se
proposer par respect pour la loi.

La morale tributaire des autres sciences. — C'est une tâche infiniment difficile que de connaître les règles les plus utiles à l'intérêt public.

Nos actes ont sur la société des répercussions étendues, prolongées, multipliées par la solidarité. Ces répercussions échappent à la connaissance vulgaire; elles ne se révèlent que peu à peu à l'investigation scientifique.

Nous avons constaté, par exemple, combien nous connaissions encore mal les conditions de l'hérédité des caractères acquis, ou celles de la contagion. Nous avons constaté combien il est difficile de déterminer dans quelle mesure une consommation individuelle est utile ou nuisible socialement. Nous ignorons presque complètement ce qu'on pourrait appeler la psychologie collective, c'est-à-dire la science des lois suivant lesquelles les masses d'hommes réagissent dans telles ou telles circonstances, d'où l'incertitude et l'empirisme de toutes les mesures administratives.

La morale a donc besoin des sciences particulières en tant qu'elles lui font connaître les effets sociaux de nos actes. Elle doit les mettre toutes à contribution, depuis l'hygiène, par exemple, jusjusqu'à l'économie politique, et elle devient ainsi, elle-même, la plus délicate et la plus compliquée des sciences.

§ II. — Correction de l'idée d'intérêt général.

Insuffisance de l'idée d'intérêt général. — Que l'intérêt général soit l'objet d'une volonté morale, c'est assurément un principe incontestable, mais qui ne laisse pas, il faut aussi le reconnaître, d'être confus et insuffisant.

Que faut-il entendre, en effet, par intérêt général? D'abord, évidemment, la satisfaction, chez tous, des besoins *nécessaires*, de ceux qu'il faut satisfaire sous peine de mort. En tant qu'il prescrit de soulager les misères et d'assurer à tous ce qui est indispensable à leur conservation, le principe de l'intérêt général est donc parfaitement clair (1).

Mais les hommes ont, en outre, des besoins *non nécessaires*, des désirs de toutes sortes. Or, ces multiples besoins ne sont, au fond, *que des habitudes enracinées*. Les hommes· sont donc libres à leur égard. Ils peuvent les choisir. Ils peuvent, dans une certaine mesure, les créer ou les supprimer.

Lesquels faut-il développer et satisfaire? Dans quel sens orienter la société : vers la recherche du confort, par exemple, et des jouissances matérielles ou vers la culture des sentiments délicats et des facultés supérieures de l'esprit?

Lequel des partis est-il moral de choisir? Le principe de l'intérêt général nous laisse sans réponse et, par conséquent, il est *indéterminé.·*

(1) Et encore est-ce trop dire que de parler de besoins *nécessaires*, tels que l'homme ne puisse pas choisir de les avoir ou de ne les avoir pas. Ainsi le besoin de manger est nécessaire. Mais le besoin de manger de la viande n'est probablement qu'une habitude, très fortement organisée sans doute, mais contingente toutefois.

Donc, même les besoins qui sont la base de la vie ne sont pas nécessaires dans leurs déterminations particulières. Il y a, jusqu'en bas, matière à choix et la considération de l'intérêt général ne suffit pas pour choisir.

Deux sortes de besoins. — Il y a deux sortes de besoins et de plaisirs. Ceux qui sont égoïstes et nous divisent. Ceux qui sont désintéressés et nous unissent.

Si je désire le confort, le plaisir est pour moi seul et les objets qui me le procurent ne peuvent en même temps le procurer à d'autres. Nous sommes donc en concurrence à leur sujet. « Quand il n'y a qu'un gâteau, l'enfant veut être seul à le manger (1). »

Au contraire, je peux connaître des vérités, contempler une belle œuvre sans m'approprier, sans consommer, sans priver les autres de ces vérités et de cette beauté Bien plus, je ne puis éprouver le plaisir de connaître ou celui de contempler sans désirer les faire éprouver à d'autres, les mettre en commun. Ce sont là les plaisirs d'une *qualité supérieure*, dont parle Stuart Mill, qui font le bonheur des hommes vraiment cultivés : plaisirs de lire, de s'instruire, de comprendre ; plaisirs esthétiques de plus en plus délicats ; surtout plaisir de la bienveillance universelle, de la pitié, de l'indulgence, de la politesse envers tous.

Formule dernière de l'objet du devoir. — Entre ces deux ordres de besoins et de plaisirs, nous avons une raison *morale* de préférer les seconds.

Puisque la moralité est de se désintéresser de son individualité et de se conformer à des règles dans l'observation desquelles toutes les volontés puissent s'unir, l'objet de la moralité doit être d'abord *la satisfaction des besoins nécessaires*,

----

1) Guyau, *La morale sans obligation ni sanction*.

mais ensuite la culture en soi et chez les autres des besoins et des goûts désintéressés et qui unissent.

Comme ces besoins supérieurs sont le propre de la personne humaine et la distinguent de l'animalité parce qu'ils supposent les facultés supérieures de l'esprit, nous pouvons donc adopter cette autre grande formule de Kant : « Traite tou-« jours, en toi-même et chez les autres, la per-« sonne humaine comme fin. »

MORALE INDIVIDUELLE

CHAPITRE X

DEVOIRS ENVERS SOI-MÊME ET DEVOIRS ENVERS AUTRUI

Nous avons distingué deux moments de la volonté morale : celui de la formation de l'intention morale, celui de l'action conforme à cette intention.

Deux catégories de devoirs s'imposent à nous, relatives à ces deux moments :

a) *Devoirs envers soi-même*. — Former en soi l'intention morale, entretenir le foyer de vie intérieure où elle s'alimente.

b) *Devoirs envers autrui*. — Agir envers autrui d'une façon qui puisse se justifier universellement.

Cette division est, en quelque sorte, classique. Mais il convient de considérer les rapports de ces deux sortes de devoirs.

Un homme seul n'aurait pas de devoirs. — Faisons cette supposition impossible (1) d'un homme seul

(1) Supposition impossible en ce sens qu'un homme absolument seul ne serait pas un homme, mais un animal, ses facultés proprement humaines n'ayant pu se développer.

sur la terre. Sa bonne volonté manquerait d'objet. Il pourrait vouloir se conformer à des lois valables universellement, mais il ne trouverait comme fin possible à son action que sa propre individualité.

Il ne pourrait aimer que lui-même. La société est donc le *champ d'action nécessaire* de la moralité.

Sans la société, la moralité ne pourrait se réaliser.

Il n'y aurait aucun devoir, s'il n'y avait des devoirs envers autrui.

Perfection individuelle et progrès social. — L'homme a été tenté, particulièrement à certaines époques, par l'idéal suivant : s'abstraire de ses relations avec ses semblables et se consacrer à l'édification de sa perfection intérieure, à son affranchissement à l'égard de tout intérêt individuel (les sages bouddhistes, les moines du moyen âge). Ce qui précède nous permet de considérer cet idéal, pris absolument, comme faux et contradictoire :

Faux, puisque la perfection de la volonté a pour objet nécessaire le progrès de l'humanité, c'est-à-dire *la satisfaction de plus en plus complète des besoins nécessaires et la culture des sentiments désintéressés de tous.*

Contradictoire, car la volonté de se désintéresser, si elle ne s'applique pas à la société, retombe à l'égoïsme.

Les devoirs envers soi valent par eux-mêmes. — Qu'on ne tire pas de ce qui précède une fausse conclusion. Qu'on ne dise pas : Le devoir envers soi de former la volonté morale n'a d'autre but que de disposer l'individu à mieux servir l'intérêt social ; il n'y a donc que des devoirs envers autrui, les devoirs envers soi n'étant que des devoirs envers autrui *indirects*. C'est la thèse qui fonde la morale sur l'intérêt social et nous l'avons éliminée.

Le désintéressement, la perfection ont une valeur absolue. Cette valeur absolue est le centre et le principe de la morale. Les devoirs envers soi valent donc par eux-mêmes, et non par leur rapport à l'intérêt social. Le but est que chacun entretienne en lui-même un foyer de vie morale.

Et ce foyer rayonnera alors, sous peine de s'éteindre, en justice et en bienfaisance pour la société.

Il n'y aurait aucun devoir sans la société, faute de champ d'action pour la moralité. Mais la fin absolue de la vie et le principe des devoirs ne sont pas dans l'intérêt social, mais dans l'intérêt du développement moral de la personne qui agit. Celui qui serait seul ne pourrait être juste, mais s'il doit être juste, c'est qu'il est de son intérêt suprême de vivre intérieurement d'accord avec sa raison. *En ce sens nos devoirs envers autrui ne sont que des devoirs envers notre raison, relatifs à autrui.*

CHAPITRE XI

LA DIGNITÉ PERSONNELLE ET L'AUTONOMIE MORALE

L'action a sa source dans les sentiments et vaut par les sentiments qui l'inspirent. C'est sur la vie intérieure de certains sentiments que la culture morale doit veiller.

§ I. — L'honneur.

Si l'on étudie cette vie intérieure en allant de la périphérie vers le centre, on trouve tout d'abord le sentiment de l'honneur.

L'honneur n'est pas un bien matériel. Il est la considération que nos semblables ont pour nous. Mais le terme de « nos semblables » est impropre, désignant un ensemble trop vague et trop diffus. Il s'agit de ceux qui nous entourent, qui forment notre milieu et surtout qui sont nos pareils par la condition sociale. *L'honneur est l'estime de nos pairs* (1).

(1) L'honneur diffère, quant à sa *forme* et quant à sa *mat.ère*, suivant les diverses sociétés où il prend naissance. — Au moyen âge, dans la société féodale, a fleuri un honneur particulier, inconnu aux

Certaines fautes entament de façon irréparable cette image de nous-même qui est dans l'esprit des autres.

« Il y a pour chacun de nous une sorte de crédit
« ouvert dans l'estime publique. Nous vivons sur
« ce crédit ; si nous venons à l'épuiser par gaspil-
« lage, il ne se renouvelle plus et nous voilà
« réduits à vivre au jour le jour et à payer comp-
« tant et d'avance la confiance d'autrui. »

Valeur morale du sentiment de l'honneur. — Le sentiment de l'honneur, c'est-à-dire le besoin d'estime, est très puissant : un homme délicat craint le déshonneur plus que la mort.

Or, ce sentiment si puissant est très voisin du sentiment proprement moral.

Il est comme lui désintéressé. Nous voulons l'estime des autres pour elle-même et non pour les avantages qu'elle procure ; parfois elle nous coûte même le sacrifice d'avantages personnels considérables.

Il nous détache donc de notre individualité et

anciens. Conforme à l'esprit de cette caste privilégiée et fermée, se forma une sorte de code de vertus guerrières, de générosité et aussi d'orgueil, *le code du chevalier*. — Mais il y eut aussi l'honneur des commerçants, des magistrats. — Les grandes forces historiques, qui ont produit la dissolution et la fusion de ces sociétés fermées, ont généralisé, et, pour ainsi dire, rendu homogènes les règles de l'honneur. On se déshonore aujourd'hui en manquant à ce que l'on considère comme étant pour tous l'honnêteté. — Mais dans l'honneur actuel on trouve des « survivances », des honneurs anciens, particulièrement de l'honneur du gentilhomme, et certaines de ces survivances subsistent malgré que la raison commune commence à les condamner. *Ex. :* L'idée que le duel est un devoir d'honneur ; l'idée que le paiement d'une dette de jeu est plus obligatoire que celui d'une dette quelconque.

nous place sinon au point de vue de la raison universelle qui parle en chacun de nous, du moins à celui de l'opinion commune. Un homme de conscience peut se mettre au dessus de l'honneur pour suivre la raison ; mais un homme vil, qui préfère son intérêt à son honneur, est incapable de moralité.

Comment tiendrait-il à être réellement honnête, courageux, bon, s'il ne tient pas à être estimé comme tel ?

De là, dans la vie morale, la fonction importante du sentiment de l'honneur. Il protège la conscience dans ses moments de défaillance. *L'honneur est comme l'avant-garde des principes, qui se replie en bon ordre et les couvre quand ils sont menacés.*

Le point d'honneur et le sentiment moral. — La ressemblance et l'accord très général du sentiment de l'honneur et du sentiment moral peuvent induire la pensée vulgaire à les confondre. Cependant l'opposition, où ils se trouvent parfois, fait apparaître la différence radicale de leur nature.

Ce conflit éclate quelquefois dès l'enfance : il y a un point d'honneur de l'écolier, qui l'oblige à se solidariser avec ses camarades dans leurs sottises, cependant qu'il reconnait le devoir de se séparer. Plus tard, la crainte de passer pour lâches ou peu fiers nous retient d'avouer franchement un tort ou une faute.

Le sentiment moral est donc, non le besoin d'être estimé et considéré par autrui, mais celui

de nous justifier à nos propres yeux et de pouvoir
nous estimer nous-même.

§ II. — Dignité personnelle et autonomie morale.

Cette idée de justification de soi-même vis-à-vis
de soi-même nous fait pénétrer au plus profond
de notre nature spirituelle. Elle implique qu'il y
a en nous une sorte de dualité, dont on peut, par
abstraction, distinguer les deux termes. D'une
part, les penchants égoïstes ou altruistes qui ont
leurs racines dans notre individualité et qui nous
entraînent droit vers leurs fins. D'autre part, la
tendance à nous subordonner aux lois que notre
raison discerne comme valables universellement.
*Notre justification intérieure est dans la conscience
que notre conduite a été conforme à la raison.*

L'autorité qui nous impose sa loi n'est donc
pas hors de nous, mais en nous. Et faire notre
devoir, ce n'est pas nous sacrifier, mais nous
retrouver, ou, plus exactement, c'est sacrifier parfois et subordonner notre individualité pour
retrouver notre raison.

Celui qui se laisse guider uniquement par
l'honneur, observe une règle qui lui est imposée
par les autres ; il est déterminé par le jugement
que les autres portent sur la valeur de cette
règle.

Il n'est pas lui-même.

Le cas est analogue pour celui qui agit uniquement par passion ou par intérêt égoïste. Certes,
il fait ce qui lui paraît bien pour satisfaire ses

passions ou ses besoins. Mais ses passions et ses besoins, il ne les a pas choisis, il ne se les est pas donnés parce qu'ils lui paraissaient bons. Il les a reçus de la nature et c'est la nature qui dicte ses jugements et détermine sa conduite. *Lui non plus n'a pas dans sa propre raison la cause de ses actes.*

Tout au contraire, l'homme qui subordonne sa conduite à sa conscience est déterminé par ce qu'il juge bon universellement indépendamment de tout penchant individuel. Il se donne à lui-même sa loi, il est *autonome* (1). Suivant la belle expression de Kant, il est à la fois sujet et législateur, sujet de la loi, mais parce que lui-même absolument la trouve bonne.

Cette faculté que possède l'être raisonnable de se donner à lui-même sa loi, constitue sa *dignité*. C'est sa dignité qu'il abdique quand il renonce à entendre et à suivre sa conscience.

L'autonomie but de l'éducation. — On dit généralement que le but de l'éducation est de former des êtres capables de se gouverner eux-mêmes. Les Anglo-Saxons aiment à nous présenter cet idéal. Mais nous pouvons maintenant entendre ces expressions dans leur sens profond qui leur donne une valeur universelle.

C'est un premier degré vers le gouvernement de soi-même que de subordonner ses caprices et ses passions à l'intérêt bien entendu.

____

(1) *Autonome.* D'un mot grec composé qui signifie exactement : « Celui qui se régit par ses propres lois. » *Ex. :* un pays auto-nome.

C'est un degré de plus que de sauvegarder son honneur dans la mêlée sociale.

Mais l'autonomie parfaite est celle de l'homme qui, par-dessus toute autre préoccupation, a le besoin de se mettre d'accord avec lui-même. Ce besoin est le vrai centre de la vie morale.

CHAPITRE XII

LA VERTU ET LE VICE

Tandis que les moralistes modernes se proposent avant tout de déterminer nos devoirs, les anciens se demandaient de préférence : « En quoi consiste la vertu ? » Et, par vertu, ils entenda'ent, au sens propre du mot, « l'excellence », c'est-à-dire la qualité la plus digne d'approbation.

Les premiers considèrent la moralité plutôt dans ses relations avec les actes, les seconds la considéraient plutôt dans ses relations avec les dispositions de l'agent. Ce ne sont là que deux façons différentes d'aborder le même problème. Cependant, si l'on admet, comme nous l'avons fait, que la moralité a de la valeur par elle-même et non pas seulement par l'utilité sociale des actes qu'elle inspire, peut-être le point de vue ancien est-il logiquement antérieur et supérieur.

Une théorie de la vertu, de sa nature, de son fondement est évidemment solidaire de tout un système de morale.

Les stoïciens, par exemple, ne présentaient pas du sage le même idéal que les épicuriens. Nous n'avons donc, pour parler de la vertu, qu'à développer quelques conséquences des notions que nous avons élucidées.

§ I. — **La vertu**.

Elle est une dans son essence. — La vertu est multiple si l'on considère les diverses catégories d'actes par lesquels elle doit se manifester. Elle s'appelle la justice ou la bienfaisance, le courage ou la tempérance. Mais les actes ne valent moralement que par le motif et l'intention qui les inspirent. Si divers qu'ils soient, ils ne sont vertueux qu'autant que nous les accomplissons par besoin unique de conformer notre volonté à ce qui nous paraît bon universellement. En son essence, la vertu est donc *une*, comme l'avaient déjà formulé les stoïciens. Elle est la *moralité*.

Elle vaut par elle-même. — Il résulte encore de ce qui précède qu'elle a son fondement en elle-même. Elle prend sa valeur non de ce que ses conséquences sont utiles à l'intérêt égoïste de l'agent ou même à l'intérêt social, mais bien de ce qu'elle est la vie conforme à la vérité.

§ II. — **Le vice**.

Le vice est l'opposé de la vertu. Il est une orientation de l'activité contraire à l'orientation morale.

Comment se produit-il ? Quelle est la racine du mal ? Il semble qu'il vienne toujours du développement exagéré et illégitime de ce qui est individuel aux dépens de la vie raisonnable.

Considérons d'abord l'individu à part de ses semblables.

Il est, nous l'avons vu, un faisceau de tendances. Une de ces tendances, le besoin d'excitants par exemple, ou la passion du jeu, isolément se développe, grandit en absorbant, pour se satisfaire, toute l'activité, toute l'intelligence. Elle prend la place entière, étouffant les autres tendances qui, cependant, elles aussi, du point de vue de la raison, ont droit à vivre. Cette croissance démesurée de l'élément aux dépens de l'ensemble, de la partie aux dépens du tout, est comme un vice de l'individu relatif à lui-même.

Replaçons maintenant l'homme dans la société. Son avarice, son orgueil, son ambition exagérés l'entraînent à vouloir asservir ou exploiter les êtres qui sont à sa portée, au mépris de leurs droits. Ou encore il arrive que, arrêté et meurtri dans son besoin d'envahissement, il souffre à l'idée seule du bonheur d'autrui et désire que ce bonheur se change en malheur. Il est la proie de l'envie et de la haine. Toutes ces passions qui exaltent l'individualité ou la rendent ennemie des autres individualités sont autant de vices qui rendent impossible la moralité.

Le vice est en nous à l'état naturel, en ce sens que nous en portons toujours les germes et que nos tendances ne sont pas naturellement conformes à la raison. La psychologie étudie ses diverses formes, comment il se développe dans les différents tempéraments, comment il se transmet par hérédité, quelles sont ses causes organiques sociales. Elle l'étudie comme un *fait*, à la manière dont la médecine étudie la maladie, qui est toujours, elle aussi, un état naturel du corps.

Le péché. — Dans la mesure où nous sommes responsables du développement d'un vice, il devient une faute, un péché. Le mal naturel se transforme en mal moral.

Nous avons déjà étudié les conditions de la responsabilité morale. Elle suppose d'abord que l'agent connaisse le bien comme tel, en d'autres termes, qu'il l'aime, qu'il ait le sentiment de la supériorité de la vie morale et, en dernière analyse, qu'il la veuille à quelque degré. Mais elle suppose aussi que cette volonté puisse se réaliser par l'emploi de moyens appropriés. Ces conditions étant données, si le mal existe c'est donc qu'on l'a voulu.

Le péché, s'il a des conséquences antisociales, peut encourir des sanctions extérieures. Mais, considéré en lui-même, il est sa propre sanction. Il est le désaccord profond de soi-même avec soi-même.

COMPLÉMENT III

Les vertus individuelles.

Nous désignons par ce mot d' « individuelles » les vertus qui ont trait aux devoirs envers soi-même et qui concernent le premier moment de la moralité, savoir la formation même de l'intention morale.

Avec la plupart des anciens nous distinguerons *le courage, la tempérance, la sagesse.*

§ I. — Le courage.

La vie morale suppose le courage d'agir conformément au jugement intérieur de la raison et d'être soi-même.

1. La peur et le courage. — Ce qui surtout ébranle et fait fléchir la volonté, c'est la prévision de toutes les souffrances que, sur le chemin, la vie nous présente comme des pointes. La prévision de la souffrance provoque en nous une émotion caractéristique : la peur.

La peur a sa racine dans l'instinct de la conservation. Cet instinct, quand il est menacé, réagit soit d'une façon agressive par la colère, la haine, soit d'une façon dépressive, par la peur qui paralyse ou qui fait fuir.

Elle résulte d'un ébranlement de l'organisme entier, jusque dans ses profondeurs. Nous avons déjà décrit cette réaction redoutable de l'organisme qui est la base physique de l'émotion. (V. p. 8.)

Elle est, peut-être, l'émotion la plus considérable de la vie humaine, par son intensité, sa fréquence, sa puissance. Nos primitifs ancêtres, entourés de périls formidables, exposés à la dent des fauves, aux coups de leurs semblables, à la violence des éléments, à la méchanceté des mauvais dieux, devaient être partagés entre la colère et la peur. Mais surtout la peur. Elle a obsédé l'esprit de l'humanité, à son berceau, de cauchemars affreux. Mais, dans nos conditions actuelles d'existence, elle est encore la cause secrète de la plupart des défaillances individuelles ou collectives, plus que le désir immodéré, plus que la soif de jouissance.

Or, le courage est *l'aptitude à dompter la peur.*

II. Courage de nature et courage de volonté. — Certains hommes sont par nature très fermes devant le danger. Ils ont cette heureuse chance d'être nés avec une constitution solide, des nerfs peu excitables; leur corps ne tremble pas. La Rochefoucauld raconte qu'il vit un laquais danser des entrechats sur l'échafaud où il allait être roué. D'autres, au contraire, naissent sensibles à la peur. Henri IV, qui affronta vingt batailles, avait grand'peine à ne pas défaillir au début de l'action; il pâlissait et ne pouvait s'empêcher de trembler.

Il y a donc un courage de nature, de tempérament physique et un courage de volonté, qui se conquiert. « Tremble, carcasse maudite, mais je te ferai bien marcher. » C'est le mot célèbre d'Henri IV au siège de Cahors.

Pour triompher de la peur, la volonté a, en quelque sorte, deux *points d'application*. Elle peut s'appliquer aux réactions mêmes du corps pour les maîtriser, pour immobiliser les muscles qui dépendent d'elles.

Elle peut s'appliquer à la représentation du danger pour la chasser de l'imagination. (*Ex.* : Un duelliste qui s'applique à réciter des vers.)

Courage physique. — Courage moral. — La représentation qui provoque la peur, peut être la représentation d'une douleur physique ou d'une douleur morale. De là :

Courage physique. — Celui du soldat, par exemple, ou **du sauveteur** ou du martyr. La science diminue les occasions de souffrances physiques (*Ex.* : les anesthésiques), mais, par là, elle rend plus sensible et, aussi, plus lâche. Or, il demeure des souffrances physiques inévitables, à l'égard desquelles le courage est nécessaire (la mort, la maladie, les privations).

Courage moral. — Courage de braver l'opinion publique, d'avoir raison tout seul ; courage d'avouer ses torts, d'accepter les justes humiliations ; courage de braver le ridicule ; courage d'être pauvre aux yeux de tous.

§ II. — La tempérance.

L'accomplissement des fonctions organiques est nécessaire. Le plaisir qui en résulte est un élément *légitime* et important de bonheur.

En elle-même et dans son principe, la doctrine ascétique qui fait de la douleur et de la privation une vertu et un mérite est une erreur, ayant son origine dans de très anciennes croyances religieuses (idée du sacrifice agréable à la divinité).

Cependant l'appétit des plaisirs organiques doit être subordonné aux exigences de la vie morale. Cette subordination est la tempérance.

I. La tempérance considérée au point de vue social.

— A un certain point de vue, la tempérance est un devoir envers autrui. C'est de ce point de vue que la société la considère, quand elle réprime l'intempérance par des sanctions diffuses et même pénales.

La tempérance est un devoir social pour diverses raisons :

A) Raisons physiologiques : l'hérédité des caractères acquis. (V. p. 39.)

B) Raisons économiques. Dommage social causé par les consommations excessives. (V. p. 51.)

C) Raisons psychologiques. Dommage social causé par l'exemple et l'imitation. (V. p. 58.)

II. La tempérance considérée comme devoir envers soi-même. — L'intempérance est, en quelque sorte, une erreur complète sur le sens de la vie. Il est bien certain que l'accomplissement de la fonction organique est un moyen et qu'elle n'est pas la fin suprême, digne d'attirer à elle et de concentrer l'activité.

Or, cette erreur pratique, cette concentration vers une fin insuffisante produit des désastres dans l'âme pour aboutir à un irrémédiable échec.

C'est un fait que l'homme, qui s'absorbe dans les plaisirs des sens, est d'ordinaire égoïste ; il a le cœur sec ; et surtout il est porté au scepticisme moral, disposé à nier la distinction du bien et du mal. Comme cette distinction repose sur ce que nous avons appelé « un postulat sentimental », cela revient à constater que la vie de plaisir ruine peu à peu, dans l'âme, tous les sentiments altruistes et moraux.

Et son échec est fatal, car les plaisirs s'émoussent par l'habitude ; ils donnent de moins en moins de satisfaction, tandis que le désir se surexcite, tuant le corps sans arriver à se satisfaire.

III. La délicatesse morale. — Considérons plus profondément les rapports de la vie morale au plaisir.

A) *Relativité des plaisirs aux tendances.* — Une personne désireuse d'ordre et de propreté matérielle se fatigue à les faire régner autour d'elle. Dira-t-on qu'elle sacrifie son plaisir ? Certes, la peine qu'elle prend est réelle et elle sacrifie le plaisir particulier au repos. Mais le désordre et la saleté sont pour elle un malaise pire que la fatigue et elle ne fait que préférer un *moindre* plaisir à un plaisir plus *grand*. Bernard-Palissy, brûlant ses pauvres meubles, acculant sa famille à la misère, acceptait mille tourments, mais peut-on douter que son tourment le plus grand eût été d'échouer dans son art ? Saint Augustin avait d'abord goûté les plaisirs et les distractions du monde. Puis il se convertit. Or, cette conversion fut essentiellement un changement dans l'ordre de ses plaisirs. Ce qui l'avait charmé d'abord, ne lui inspirait plus que dégoût, et sa vie nouvelle, si austère, lui donnait un bonheur d'une qualité supérieure, infiniment plus désirable pour lui.

Bref, les plaisirs dépendent de nos goûts, de nos tendances. Voulons-nous savoir quelle est la valeur d'un homme, quelle est la nature et l'état de son caractère, demandons-nous ce qui lui plaît et lui déplaît et à quoi il trouve son plaisir. Il n'y a pas de meilleur baromètre moral.

B) Il s'ensuit que *la vie morale exige, non qu'on se prive de plaisirs, mais qu'on ait du goût pour les plaisirs supérieurs.*

Nous appelons plaisirs supérieurs, celui de la moralité proprement, celui de pouvoir se justifier soi-même, mais aussi tous ceux qui sont conciliables avec celui-là. L'honnête homme éprouve de la répugnance pour tout ce qui est grossier et vil ; les plaisirs qui nous sont communs avec les bêtes, comme celui de manger et de dormir, ne le satisfont pas ; il serait malheureux de vivre comme une brute dont tous les besoins seraient largement satisfaits. Il ne se trouve à l'aise et n'a de joie que dans ce qui est bon, intelligent, beau. Il ne peut vivre sans justice intérieure, sans culture intellectuelle, sans lecture, sans art, sans distractions intelligentes, sans politesse ni distinction dans la société qui l'entoure.

C) *La délicatesse morale* est cette aptitude à ne goûter que les plaisirs plus élevés. Elle est la vraie tempérance ; elle implique le dégoût des plaisirs grossiers. Mais elle ne s'acquiert et ne se conserve que par la culture, l'effort, et même un certain ascétisme.

Pour ne pas se laisser absorber par les besoins matériels et grossiers, il faut réduire leur part, et parfois les réprimer douloureusement.

§ III. — La sagesse et l'examen intérieur.

I. Une des causes, peut-être la principale, qui

empêchent la raison de pénétrer plus profondément et de gouverner notre vie intérieure, c'est que celle-ci reste instinctive, irréfléchie. Elle se poursuit et évolue à notre insu.

Il faut le reconnaître : nous connaissons mieux, en général, nos amis que nous-même. Nous devinons les secrets ressorts de leurs actions et même de leurs croyances, tandis que nous nous trompons sur nous-même. Nous pensons agir ou croire pour des raisons communicables, et nous n'apercevons pas que l'ambition, l'envie, l'orgueil, la paresse, sont les vrais moteurs. Sans que nous nous en rendions compte, ces sentiments vivent en nous, se développent, *posent les fins que nous poursuivons*, et ces fins (celles de l'ambition, par exemple) sont, le plus souvent, aussi contraires à notre intérêt particulier bien entendu qu'à la loi morale.

II. Cependant, comme on l'établit à propos de la méthode de la psychologie, il nous est possible, avec quelque habitude, de percer cette illusion, qui nous cache à nous-même, et d'atteindre notre moi réel et vivant.

Or, le *propre de cette réflexion est de transformer son objet*, c'est-à-dire la vie intérieure, et de la transformer dans le sens de la raison.

a. Elle supprime, modifie ou atténue les sentiments pratiquement absurdes, en rendant présente l'idée de leurs résultats. Celui qui médite sur lui-même peut-il se laisser emporter par la colère, par la révolte contre l'inévitable, par l'ambition destructrice de la paix ?

b. Elle supprime ou modifie les sentiments

moralement mauvais par la conscience de leur
vrai caractère. Comment continuer à penser du
mal d'un concurrent, si on démêle que la cause
réelle de cette opinion est la jalousie? Peut-on
commettre une faute basse, si l'on se rend compte
de sa gravité?

Est-il possible, encore, que les sentiments
égoïstes, tous ceux qui s'attachent au bien de
l'individualité, ne se dissolvent pas peu à peu à
l'idée de leur échec final dans la mort?

Résignation, purification, désintéressement, te's
sont les effets, sur l'âme, de la réflexion intérieure.

Les stoïciens prescrivaient à celui qui veut se
gouverner lui-même, comme une pratique indispensable, d'examiner chaque soir ce qu'il a fait et
ce qu'il a été dans la journée. « Nous devons tous
« les jours, dit Sénèque, appeler notre âme à
« rendre ses comptes. » Seulement il n'est pas
possible que cette habitude, si elle s'exerce à certains moments de la journée, ne s'étende pas à
tous les instants.

La sagesse est l'examen de soi-même devenu une
fonction continue. — Le sage pénètre de raison sa
vie intérieure, parce qu'il vit constamment dans
l'intimité de lui-même.

MORALE SOCIALE

CHAPITRE XIII

DROIT — JUSTICE ET FRATERNITÉ

L'objet de la volonté morale est la *satisfaction des besoins nécessaires et la culture des facultés supérieures aussi bien chez les autres qu'en soi-même.*

C'est là un principe très général et la morale recherche comment il doit être appliqué aux relations sociales.

§ I. — Le droit.

En face de l'idée de *devoir* se dresse dans la conscience l'idée de *droit*.

I. Définition. — Leibnitz a donné une définition célèbre: « *Le droit*, a-t-il dit, *est un pouvoir moral.* » Mon droit est, en effet, un pouvoir d'agir, d'atteindre des fins. A l'égard de mes semblables, il est un pouvoir d'arrêt ou d'obligation : ils sont empêchés de me priver de moyens d'existence, par exemple, ou même ils sont obligés de m'en fournir par une force qui n'est autre que mon droit. Mais cette force n'est pas une force physique, une réalité empirique ; trop souvent même elle n'a pas de réalité, elle est méconnue, opprimée et primée. Le droit est une force *morale*, c'est-à-dire la force d'une *idée pratique*, qui s'impose aux volontés comme devant être réalisée.

Or, cette idée, si l'on va au fond, n'est autre que l'idée du devoir, envisagée sous un nouvel aspect. Mon droit est ce qui m'est dû par les autres, et ce qui constitue leur devoir à mon égard. Le droit n'est donc que le devoir considéré dans celui qui en est l'objet et non plus dans celui qui en a la charge.

Les deux idées n'en font donc qu'une ; elles ont exactement même contenu.

De là il résulte que, logiquement, analytiquement, à tout devoir envers autrui correspond un droit d'autrui.

De là résulte, encore, que les caractères du droit et ceux du devoir sont complémentaires, n'étant, en réalité, que les mêmes caractères considérés par rapport à des êtres différents :

Nous concevons le devoir comme obligatoire moralement, et, par conséquent, le droit comme *inviolable* moralement.

Nous concevons que l'on a des devoirs envers toute personne. Par conséquent, *toute* personne a un *droit fondamental : le droit d'exiger que ses semblables accomplissent leurs devoirs à son égard.*

II. Fondement du droit. — La question est la suivante : Quelle raison avons-nous d'attribuer à notre semblable le droit fondamental que nous venons de définir ? Mais puisque le droit n'est

qu'un aspect du devoir, la question n'est autre que
celle du principe des devoirs qui a donné lieu
aux longues discussions que nous ne ferons que
rappeler. Nous n'avons pas trouvé un fondement
suffisant du droit dans la doctrine *utilitaire* (1)
qui cherche à l'établir sur l'intérêt de l'individu à
observer les conditions de la vie sociale. Nous ne
l'avons pas trouvé davantage dans les doctrines
sentimentales (2) qui, prétendant que l'amour
d'autrui est le principe et la matière de la morale,
tombent justement dans une contradiction qui
ruine le droit.

L'idée de droit n'est fondée que pour des êtres
pensants qui reconnaissent comme fin absolue et
principe de leurs devoirs la conformité de leur
conduite à une vérité commune. L'obligation d'observer des règles valables universellement impose
de prendre pour objet la satisfaction des besoins
nécessaires en *autrui* comme en soi-même. De ce
point de vue la personne d'autrui apparaît donc
comme ayant un droit.

Elle vaut par elle-même. Cette valeur absolue,
ce droit dérivent de la valeur absolue de la loi
commune.

Droit naturel et droit positif. — Cette suite
de pensées justifie donc cette grande idée de *droits
naturels*, que les stoïciens avaient aperçue et que
la philosophie française du xviii° siècle a rendue
familière à toutes les consciences. Tous les hommes
ont, *au même titre*, un droit fondamental, attaché

(1) Voir page 90.
(2) Voir page 94.

à leur *nature* d'êtres raisonnables. Ils ont le droit parce qu'ils font partie de la société des êtres qui, par la raison, conçoivent des lois universelles, et que, par conséquent, leurs semblables ont des devoirs à leur égard.

Cette idée est antérieure *logiquement* à la vie sociale, en ce sens qu'elle lui sert d'idéal directeur et de fin. La société doit s'efforcer de faire du droit naturel de la personne un *droit positif* et *effectif*, en lui donnant la garantie des lois et de la puissance collective.

Tout droit naturel ne peut devenir un droit positif. — Chacun de nos devoirs est un droit pour autrui, puisque le droit n'est qu'un autre aspect du devoir. Mais la société, avec ses puissants moyens de contrainte, peut-elle et même doit-elle garantir l'observation de tous les devoirs et le respect de tous les droits ?

Certains de ces devoirs consistent en dispositions de sentiments. Mais comment nous contraindre à aimer, à combattre notre envie et nos sentiments ?

Les autres devoirs consistent en actes extérieurs sur lesquels la contrainte sociale peut s'exercer. Mais une réglementation du détail de tous les actes serait impossible et parfois odieuse. La garantie sociale du droit ne peut donc être que relative et incomplète.

L'artiste ne saurait jamais traduire complètement son idéal dans son œuvre. Il en est de la société comme de l'œuvre d'art ; il n'est pas d'institutions sociales qui puissent réaliser absolument le droit conçu par la pensée. Tout devoir correspond à un droit naturel, mais il est impossible que **tout** devoir corresponde à un droit positif.

Force singulière de l'idée du droit. — C'est bien parce que tout être qui pense la **relie à la** vérité commune, que l'idée du droit a une **puissance** d'une nature toute particulière. Les opprimés ne se révoltent pas seulement parce qu'ils souffrent et qu'ils se savent les plus forts, mais parce qu'ils croient leur souffrance contraire au droit que tout le monde doit reconnaître comme vrai.

Le peuple de France avait souffert avant 1789 ; mais ses revendications ne s'armèrent qu'avec l'idée, répandue par les philosophes, que sa misère offensait les droits naturels. Aussi les oppresseurs perspicaces ont-ils toujours fait effort pour empêcher les opprimés de penser. Dans les états esclavagistes d'Amérique, la loi punissait d'amende et de cinquante coups de fouet tout maître qui apprenait à lire à ses esclaves.

D'autre part, on a pu remarquer avec étonnement la mauvaise défense des castes privilégiées, au début de la Révolution. C'est que l'idée du droit, si elle fortifie les opprimés, désarme du même coup les oppresseurs ; car c'est une grande faiblesse de savoir qu'on a tort.

Et ainsi, la puissance du droit est toute spirituelle et intérieure. Il a l'autorité de l'idée reconnue vraie.

Comment se développe l'idée du droit. — L'idée du droit est puissante dès qu'elle apparaît aux esprits. Mais elle se développe lentement. Elle n'a été d'abord qu'un germe, à peine reconnaissable, un rudiment. Platon, Aristote ont approuvé l'esclavage, qui est la mise hors du droit d'une partie de l'humanité.

D'un fait, si surprenant d'abord, l'explication pourtant est simple, si l'on songe que c'est la société qui donne à la conscience sa matière. Or, la société commence par l'injustice, parce que c'est surtout la force qui, au début, l'organise et règle les relations. Et cette injustice permanente, profonde est acceptée, approuvée *parce qu'on ne conçoit pas qu'il en puisse être autrement*. Aristote s'est expliqué sur l'esclavage. « La propriété « est nécessaire à la famille : sans les choses de « première nécessité, les hommes ne sauraient « vivre, ni être heureux. Or, la propriété, pour « remplir son rôle, doit comprendre des instru- « ments spéciaux, parmi lesquels les uns, comme « le gouvernail d'un navire, sont inanimés, et « les autres, comme le matelot, sont vivants. Si « chaque outil pouvait, sur un ordre reçu ou « deviné, travailler de lui-même, si les navettes « tissaient toutes seules, les maîtres pourraient « se passer des esclaves. » Si l'on va au fond de cette citation, elle revient à dire que, sans l'esclavage, la vie sociale serait impossible.

Les plus grands parmi les hommes voient difficilement ce qui pourrait être par delà ce qui est. La société obsède les esprits de son image.

Sens du développement de l'idée du droit. — Elle se développe par l'effet des changements sociaux

et des inventions individuelles (1). Et la marche
de ce développement a un sens déterminé.

D'abord l'idée du droit est limitée par les esprits au groupe social, et cela parce qu'elle ne
se dégage pas du fait du droit positif. L'étranger
est sans droit naturel, puisqu'il ne fait pas partie
de la cité, c'est-à-dire de l'association juridique.
La cité ne lui doit aucune justice. Vaincu à la
guerre, il est esclave de *droit* (*ex jure gentium*,
dit la loi romaine); il devient une chose qu'on
peut vendre, acheter, détruire. Bien plus, dans
l'ancienne Rome, le citoyen, qui devient captif
d'une autre nation, perd ses droits dans sa propre patrie. Sa femme peut se remarier. Bref, le
droit est conçu comme *attaché seulement à la
qualité de membre de la même cité*.

D'autre part, à l'intérieur de la cité, domine le
régime des castes. Les droits sont inégaux et cette
inégalité dérive non de la différence d'aptitudes,
mais de la naissance et de l'inscription, en quelque sorte, dans telle ou telle catégorie.

Or, par un même mouvement de pensée, le
droit naturel est *dénationalisé*, c'est-à-dire étendu
à tous les hommes et dégagé des rapports nationaux, et conçu comme égal en tous, en ce sens
que tous doivent avoir une valeur absolue pour
leurs semblables.

La Déclaration des Droits de l'homme. — Ce progrès de la pensée trouve son éclatante expression
dans les multiples déclarations des droits de la
Révolution. Trois idées y sont essentielles : *a.* Tous

(1) Voir page 74.

les hommes ont des droits, et non pas seulement les Français, par exemple, à l'égard des Français; *b*. Tous sont égaux en droit. Les inégalités de naissance et de castes sont injustes; *c*. Le droit est la fin de l'institution sociale. « Le but de toute asso-« ciation politique est la conservation des droits « naturels et imprescriptibles de l'homme. » Qu'on ne dise plus que l'injustice est légitime comme nécessaire à la société. Celle-ci doit reposer sur la justice garantie à tous ses membres.

On a pu dire de la pensée révolutionnaire qu'elle s'est bornée, dans l'application, à réclamer l'abolition des privilèges fiscaux et judiciaires, l'accession de tous aux emplois, et qu'elle n'a pas conçu avec une suffisante profondeur toutes les conditions de l'égalité. Mais elle n'en a pas moins proclamé cette idée : *le droit est universel parce qu'il est attaché à la qualité d'être raisonnable.*

§ II. — Justice et charité.

I. **Distinction habituelle de la justice et de la charité.** — La conscience morale a toujours distingué deux sortes de devoirs envers autrui et, pour ainsi dire, deux degrés de ces devoirs :

D'une part, des devoirs correspondant à des droits pour autrui, exigibles par lui. Ils constituent la *justice*.

D'autre part, des devoirs non exigibles. Ils sont une *perfection* pour celui qui les pratique et c'est là leur principe, mais *ne sont pas un droit* pour celui envers qui ils sont pratiqués. Ce qu'ils commandent, c'est d'aller au delà de la justice dans la direction où nous conduit notre altruisme naturel. Ils nous imposent la bonté et la bienfaisance qui dépassent la sphère de la justice.

Pour les anciens, par exemple, l'esclave était sans droits, exactement comme une chose, comme un instrument matériel.

Cependant la conscience antique, inspirée par les philosophes, reconnaissait le devoir, gratuit, en quelque sorte, de traiter l'esclave avec douceur.

De même, notre conscience conçoit encore comme une vertu non exigible l'assistance aux indigents. De la *justice*, elle distingue la *charité*, qui est à la fois amour et assistance.

Cette distinction n'est pas fondée. Comment elle s'explique. — Nous savons par ce qui précède, que tout devoir correspond à un droit *naturel* (1). Ceux qui sont nos semblables par la raison sont en droit d'exiger de nous toute l'observation de la loi que la raison commune conçoit.

Cette distinction, si persistante à travers l'histoire, n'est donc pas fondée. Mais ce que nous avons dit du développement du droit permet de comprendre l'illusion d'où elle est née.

L'esprit, emprisonné dans la société, façonné par elle, ne peut concevoir une justice différant sensiblement de celle que la société réalise. Cependant les sentiments altruistes vont au delà; ils imposent à l'approbation et à l'admiration certains actes et ces actes finissent, un jour, par entrer dans la sphère de la justice et du droit.

(1) Nous avons reconnu impossible que tout devoir corresponde à un droit *positif*.

Le cœur devance donc la raison et l'entraîne à sa suite. Il est la source où la raison s'alimente.

De fait, nous voyons que ce qui d'abord a été charité est conçu plus tard comme justice exigible. L'Etat romain finit par sanctionner le devoir de bonté à l'égard de l'esclave. L'empereur Claude décida que le maître qui abandonnerait son esclave malade perdrait tout droit sur lui. Constantin punit le meurtre de l'esclave à l'égal de celui de l'homme libre.

II. Limites extrêmes de la justice. — Faisons donc un effort pour abstraire notre esprit des habitudes fixées en lui par l'ordre social où nous vivons et cherchons à concevoir les limites extrêmes de la justice.

Le point de vue de la justice est ce que nous avons si souvent appelé le *point de vue de l'universel*.

De ce point de vue, la personne d'autrui doit avoir pour nous autant de valeur que la nôtre; elle est pour nous une fin à *égal* titre.

Mais c'est cette égalité, essentielle à la justice, qu'il est difficile de définir et de préciser.

Jusqu'à quel point devons-nous chercher la satisfaction des besoins d'autrui? Jusqu'à quel point aussi, et de quelle façon, devons-nous aimer autrui?

A) *Limites de la justice à l'égard des besoins d'autrui.* — L'individu peut être considéré comme un système de besoins de valeurs inégales et de nature diverse. La satisfaction des uns est, en effet, plus ou moins nécessaire à la conservation de la vie organique, la satisfaction des autres plus ou moins nécessaire au développement de la vie spirituelle.

Ces valeurs comparées ne peuvent être mesurées, surtout quand il s'agit de besoins d'individus différents. Mais elles peuvent être néanmoins appréciées par le sens commun.

N'est-il pas évident que le besoin d'aliments a plus de valeur que le besoin de vêtements, les deux ensemble plus de valeur que le besoin d'instruction, mais le besoin d'instruction plus de valeur que le besoin d'ornements?

Or, ceci nous permet de déterminer et de préciser cette règle trop vague que nous devons agir à l'égard d'autrui comme nous devons agir à l'égard de nous-même. Elle peut se traduire par la formule suivante : *Nous devons renoncer à la satisfaction d'un de nos besoins, dans la mesure où ce renoncement est nécessaire à la satisfaction d'un besoin d'autrui de plus de valeur.*

Aller au delà dans le sacrifice, le sentiment peut nous y entraîner, mais la loi morale ne saurait nous y obliger. Ce n'est pas un devoir.

B) *L'amour du prochain.* — *Ses limites.* — Le plus souvent, notre attitude sentimentale à l'égard de nos semblables est celle de l'*indifférence*.

Le passant rencontré, le marchand dans son magasin, le conducteur de notre omnibus sont pour nous comme des arbres, des machines automatiques.

De ce qui se passe en eux nous n'avons nul souci. Leurs sentiments, leurs préoccupations, leurs fatigues, leurs joies ou leurs peines, toute leur vie intérieure nous reste un monde fermé.

Cependant nous pouvons pénétrer dans ces âmes étrangères en imaginant vivement les sentiments qui s'y agitent, et imaginer des sentiments c'est les éprouver à quelque degré. Nous le pouvons, car notre imagination dépend de nous. Et comment douter que nous le devions? Comment vouloir la règle valable aussi pour autrui, comment nous défaire de toute partialité si nous n'entrons pas dans la manière de penser et de sentir d'autrui (1)?

La justice commande d'aimer le prochain, à condition que par aimer on entende *comprendre par la sympathie*. Mais un amour exclusif et jaloux pour son individualité, un besoin de sa présence, notre prochain n'est pas en droit de nous le demander.

De tels attachements peuvent se former, mais ils sont en dehors de la justice.

Justice et fraternité. — Au terme de cette étude nous retrouvons donc l'idée formulée déjà par les stoïciens : les hommes, dans l'étroite solidarité qui les unit, doivent vivre les uns à l'égard des autres comme vivent, dans la famille, des frères par sentiment naturel.

Elargie jusqu'à ses extrêmes limites, la justice est fraternité.

§ III. — Les divers droits.

D'où vient la diversité des droits. — Nous avons

(1) Pour l'utilité morale des sentiments altruistes naturels, voir p. 101.

parlé *du droit fondamental* de l'être raisonnable à exiger que ses semblables observent leurs devoirs à son égard.

Le droit fondamental se multiplie en autant de droits qu'il y a de rapports de solidarité faisant dépendre les hommes les uns des autres, car tous ces rapports sont, pour les hommes, comme autant d'occasions de s'exploiter ou de collaborer.

Il s'ensuit que les droits doivent se transformer et se compliquer à mesure que se compliquent et se transforment les relations sociales. Et il y a une naïve absurdité à se représenter l'homme venant au monde armé de droits naturels dont on pourrait dresser une liste achevée, définitive, la même pour tous les temps. *Ex.:* La division du travail, l'échange ont créé des droits qui n'existaient pas dans un état antérieur. Le développement de la culture et de la science crée un droit de tous à l'instruction. Toutes les formes nouvelles d'association (coopératives, syndicats, etc.) créent des droits nouveaux entre associés.

La liberté est l'objet non d'un droit particulier, mais de tous les droits. — Parmi les divers droits, d'ordinaire, on place le droit à la liberté, c'est-à-dire à la faculté pour l'individu de faire ce qu'il veut. C'est celui qui manque à l'esclave, contraint par la violence de faire ce que veut le maître.

Il y a là une idée confuse. La liberté est bien la faculté de faire ce que l'on veut. Mais ce sont nos besoins qui posent des fins à notre volonté. De sorte que, plus profondément, *la liberté est le pouvoir de satisfaire nos besoins.* C'est là la liberté réelle, que nous aimons comme la vie, puisqu'elle est la possibilité même de vivre. Or, qui ne voit qu'ainsi définie elle est l'objet non d'un droit particulier, mais de tous les droits, dans les limites que nous avons déterminées plus haut?

Qui ne voit aussi que *la violence n'est pas la seule forme de contrainte* et d'atteinte injuste à la liberté?

La privation d'instruction n'en est-elle pas une autre, par exemple, ou encore la rémunération injuste du travail?

L'idée du droit a donc des applications d'une complexité presque infinie. Et puisqu'il serait impossible d'en épuiser l'étude, considérons seulement les droits relatifs aux richesses et à la faculté de penser.

CHAPITRE XIV

DROITS ÉCONOMIQUES

La propriété et le travail.

Nous avons observé comment la production des richesses devient de plus en plus une œuvre collective, avec division du travail.

De ce fait deux conséquences d'une incalculable importance : d'un côté, *création*, de jour en jour plus considérable, *d'instruments de production* ; d'autre part, *développement de l'échange*, car chaque personne et même chaque région, ne produisant plus tout ce qui lui est nécessaire, doit se le procurer par l'échange.

§ 1. — Qu'est-ce que la propriété ? Son importance pour l'individu.

Dans toute société un peu organisée, les richesses sont objets de droits positifs de propriété.

Entendons par là, non seulement que l'individu a le pouvoir d'user et de disposer de certaines richesses, mais encore que ce pouvoir lui est garanti par la contrainte sociale, de telle sorte qu'il peut forcer son semblable à le respecter. Pour en donner une définition qui soit applicable à toutes les formes si diverses qu'elle revêt, nous dirons donc que *la propriété est un ensemble de droits, garantis par la société, permettant d'user et de disposer d'une chose dans de certaines limites.*

Importance de la propriété pour l'individu. — Des droits de propriété sont pour la personne une des conditions essentielles de sa liberté. A peine est-il besoin de le montrer. A cette seule condition, en effet, est *assurée* la disposition des objets matériels nécessaires à la satisfaction des besoins.

La propriété est si bien une des conditions fondamentales de la vie qu'il n'y a pas de garantie plus indispensable et plus efficace de notre indépendance à l'égard d'autrui. Si l'on peut impunément user de violence envers un homme, on peut l'asservir, le forcer à servir ; mais il est tout aussi asservi, si l'on dispose des richesses dont il a besoin et des instruments qui lui sont utiles. Qu'importe qu'à la différence de l'esclave les lois le protègent contre la violence, qu'importe même qu'il puisse voter ? Si d'autres sont maîtres des richesses qui lui sont indispensables, ils sont les maîtres de sa vie.

Transformations de la propriété. — **Ses différentes formes.** — Les droits de propriété se sont constamment transformés au cours des siècles. *Ils ont varié quant aux objets sur lesquels ils peuvent porter et quant aux limites dans lesquelles ils permet-*

tent de disposer de ces objets. Et c'est là un fait qu'il est bon que chacun connaisse, pour comprendre que les institutions d'une époque et d'un pays ne sont pas des institutions fatales, ne pouvant être autres.

Il est probable qu'il y eut d'abord *propriété individuelle* des objets directement utilisables, comme les aliments, les vêtements, l'habitation et des instruments qui ne peuvent appartenir manifestement qu'à un seul, comme les armes, les bêches, etc. Propriété individuelle, en ce sens que la propriété de l'individu ou de la famille sur l'objet excluait la propriété des autres sur le même objet.

Mais il n'en a pas été de même pour les instruments de production ou, du moins, pour le grand instrument de production, la terre. Les sociétés primitives reconnaissaient aux familles le droit d'user de la terre pour faire paître les troupeaux ou la leur partageaient périodiquement pour la cultiver, mais sans leur permettre de s'en approprier absolument des fractions : elle était à tous.

Cependant les droits de propriété sur la terre se sont transformés dans la plupart des sociétés avancées. Rome établit la propriété individuelle (ou plutôt familiale) de la terre et de cet autre grand instrument de production, l'esclave. On ne comprendrait rien, en effet, à l'histoire de l'esclavage, si l'on ignorait cette idée commune à tous les anciens que la propriété peut s'étendre à la personne humaine. L'esclave est, par essence, un homme qui, au lieu de s'appartenir à lui-même, est soumis au droit de propriété d'un autre homme.

Comme la terre, il peut être légué, donné en dot, vendu (1).

- Il est impossible de ramener à quelques formules simples l'évolution de la propriété, évolution qui d'ailleurs n'a pas été la même partout. Dans les sociétés civilisées d'aujourd'hui, diverses formes de propriété coexistent :

Quelques objets d'usage immédiat (parcs, monuments publics), quelques instruments de production (routes, ponts, manufactures d'Etat) appartiennent à la société entière, à la nation. Mais cette propriété nationale, bien que s'accroissant sans cesse, est infiniment restreinte comparée à la totalité des richesses.

Les instruments de production sont multipliés par la division du travail et les inventions scientifiques. Or, ils appartiennent soit à l'individu, soit à des groupes privés d'individus, tels que sociétés d'actionnaires, mais ils n'appartiennent pas à tous.

· La caractéristique de notre temps, au point de vue économique, est donc que les uns participent à la propriété des instruments de production, tandis que les autres n'y participent pas. Et cette situation est de grave conséquence. Les premiers, qui ont les instruments, ont besoin du travail des seconds ; les seconds, qui n'ont que leurs bras, ont besoin, pour travailler, des instruments des premiers. De là une nouvelle solidarité, qui résulte de l'institution actuelle de la propriété. Or, nous savons que toute solidarité, si elle est utile, crée des risques d'injustice et d'oppression.

(1) Remarquons que cette idée subsiste dans l'institution du servage. Le serf est vendu avec la terre et en augmente la valeur.

§ II. — La question sociale. — Répartition actuelle des richesses.

L'importance *vitale* des droits de propriété fait naître les questions suivantes : La richesse est-elle toujours justement répartie? Les hommes ont-ils toujours les biens qu'ils devraient avoir au nom de la raison? Mais que devraient-ils donc avoir et quels sont leurs droits?

La question sociale. — Toutes ces questions connexes sont désignées par le terme générique de *question sociale*. Terme significatif, car il semble indiquer que c'est là la question principale qu'ont à résoudre les hommes. Elle a été, dès l'antiquité, le ressort caché de beaucoup de révolutions politiques : en cherchant à changer le pouvoir politique, les hommes voulaient surtout modifier leur situation économique. Les masses populaires qui ont fait la Révolution de 1848 et établi la République, tentaient, par ce moyen, d'obtenir des droits nouveaux leur assurant plus de bien-être.

Et la réponse à cette question inquiète toujours l'humanité et l'inquiétera peut-être éternellement, tant le problème est difficile à résoudre en théorie et surtout en pratique, tant il est malaisé de savoir, *théoriquement*, ce qui serait bon et juste et, si on le savait, de trouver les moyens *pratiques* de faire régner la justice.

L'inégalité telle qu'elle existe. — Ce qui frappe au premier regard sur la société, c'est l'extrême

inégalité des fortunes. Certains hommes, parfois
en travaillant beaucoup, mais parfois avec un
travail court et peu pénible, parfois même sans
travail, peuvent satisfaire jusqu'à leurs désirs les
plus superficiels.

D'autres sont *pauvres ;* et nous entendons ici
par pauvreté, non l'indigence (1), mais l'état de
ceux qui, avec tout le labeur qu'ils peuvent
donner, satisfont difficilement et d'une façon précaire les seuls besoins les plus nécessaires.

Et il est juste d'imaginer fortement cet état, où
nous voyons des milliers de nos semblables. La
satisfaction des besoins nécessaires ne donne pas
la joie de la vie.

La joie naît surtout de ce qui n'est pas indispensable, de la variété des aliments, du confort de
l'habitation, plus encore des loisirs, des distractions, de la contemplation des belles choses, de la
délicatesse de l'esprit.

Et la pauvreté a deux conséquences : elle empêche la culture des facultés intellectuelles et elle
traîne après elle un cortège de maladies et de
souffrances physiques. En Angleterre, la durée de
la vie moyenne est dans les classes riches de 55 à
56 ans, tandis qu'elle s'abaisse à 28 ans dans les
classes pauvres ; à Paris, la mortalité annuelle,
tombée à 10 pour 1.000 dans le quartier riche des
Champs-Elysées, s'élève à 43 pour 1.000 dans le
quartier plus pauvre de Montparnasse.

L'inégalité est-elle toujours juste? — Cette iné-

(1) L'indigence est l'état de ceux qui n'ont même pas de quoi
satisfaire leurs besoins nécessaires.

galité est-elle toujours juste? Dépend-il de chacun de s'élever dans l'échelle des fortunes? Et celui qui reste en bas, est-ce toujours de sa faute? Est-ce que lui, ou même est-ce que ses parents (ce qui déjà serait moins juste) ont péché, par exemple, par défaut d'*économie* ou de *travail?*

Explication de l'inégalité. — Certes, l'inégalité est parfois imputable à l'individu. Mais il faut bien reconnaître que le plus souvent elle le frappe ou le favorise injustement et même fatalement. Il y a donc, actuellement, une cause générale et fatale d'inégalité. Seulement cette cause est complexe, et la science commence à peine à la formuler avec certitude (1).

L'échange, nous l'avons vu, est un fait universel. Or, c'est dans l'échange que se produit l'inégalité. Certains, par leur situation, reçoivent une plus grande valeur que celle qu'ils donnent. L'échange est à leur profit et au détriment des autres. Quelques exemples peuvent éclairer ce fait.

Un commerçant achète dans le Midi du vin qui a peu de valeur parce qu'on en a peu besoin, et le revend dans le Nord, où il prend beaucoup de prix parce que l'on en manque. Sans doute l'entreprise lui demande du travail et il rend service

(1) Karl Marx a soutenu que l'inégalité injuste ne se produisait que dans l'industrie (où le propriétaire des instruments arrive souvent à payer aux ouvriers un salaire très inférieur à ce que lui rapporte le travail de ces ouvriers), et qu'elle ne pouvait se produire dans l'échange commercial. Il y a là une erreur manifeste. Ce propriétaire des instruments ne gagne que parce qu'*il vend*. Ce n'est donc que dans et par l'échange que se produit le gain excessi des uns aux dépens des autres.

en l'exécutant. Seulement, *son gain commercial* est en raison de l'intensité des besoins des producteurs et des besoins des vendeurs, intensité dont il n'a pas le mérite.

Un homme, moyennant un certain travail, a acquis une terre dont il vend les produits, fourrages et céréales. La population vient à s'accroître autour de lui ; une ville se bâtit près de son domaine. Il vend donc plus cher son blé et son foin, ou encore, il vend sa terre plus cher qu'il ne l'a achetée, son travail restant le même. Son gain a donc augmenté non du fait de son travail, mais parce que le besoin s'est multiplié des produits dont il était propriétaire.

Un homme ou un groupe d'hommes possèdent une usine, une scierie par exemple. Ils vendent les planches d'autant plus cher qu'on les demande davantage. Mais que leur coûtent-elles, à eux ? Le prix des salaires payés aux ouvriers qui ont bâti l'usine, construit les machines, et qui les font marcher.

Or, ces ouvriers, n'ayant pas de ressources et se faisant concurrence, ont, peut-être, accepté des salaires sans rapport avec le prix de vente des planches. Ils cèdent donc le travail qui vaut *plus* contre des salaires qui valent *moins* et les propriétaires gagnent en raison du besoin qu'ont les ouvriers de vendre leur travail et du besoin qu'ont les acheteurs d'acheter les planches.

Dans la réalité, le mécanisme de la distribution des richesses est infiniment plus compliqué qu'il ne ressort de ces exemples. Mais, en gros, il reste vrai que ceux qui détiennent, par droit de propriété, des moyens de production (terres ou usines) ou des capitaux commerciaux ont, dans l'échange, une situation privilégiée.

Ceux, au contraire, qui n'ont rien à céder sinon leur travail, qui ne peuvent attendre et qui sont nombreux, sont dans une situation défavorable.

Conséquence : Le chômage. — Nous arrivons ici à un fait qui prend dans nos sociétés des proportions de plus en plus considérables. Des hommes ne trouvent pas à travailler pour gagner leur vie. Pourquoi?

Pourquoi n'accroît-on pas la production de manière à employer dans les usines ou les chantiers tous ceux qui se présentent? Pourquoi, par exemple, les entrepreneurs ne bâtissent-ils pas plus de maisons, pour employer les ouvriers en bâtiments sans ouvrage? Ni les pierres ne manquent, ni probablement la bonne volonté. C'est évidemment que les produits ainsi multipliés n'arriveraient pas à se vendre; le surplus de maisons bâties, par exemple, ne se louerait pas.

Mais pourquoi les produits multipliés ne se vendraient-ils pas? Les besoins font-ils défaut? Non assurément, et pour reprendre notre exemple, il ne manque pas de gens pour qui des logements plus grands ou plus confortables seraient désirables. Les besoins seront toujours aussi amples que les produits.

Seulement, la grande masse de ceux qui ont des besoins n'a pas de pouvoir d'achat. Là, nous touchons donc la cause dernière. *Il y a chômage parce qu'un grand nombre d'hommes ne reçoivent pas une rémunération de leur travail suffisante pour acheter une valeur égale à celle qu'ils produisent.* Et comme cette cause est en quelque sorte inépuisable, tant qu'elle subsiste, le chômage est général et fatal (1).

Rien de plus lamentable que ce fait. Des hommes veulent travailler qui voient les portes se fermer, plus malheureux que le sauvage qui trouve devant lui la nature sans possesseur et à qui des gardes n'interdisent pas la pêche, la chasse, la maraude. Et les contre-coups qui entraînent les travailleurs dans le chômage ont parfois une extension et une violence terribles. C'est ainsi que la hausse des charbons, lors de la guerre du Transvaal, forçait les industriels à renchérir leurs produits, à diminuer leur production et, par suite, leur personnel. Il y a quelques années, une crise sur l'industrie sucrière amenait la fermeture d'une grande raffinerie et jetait sur le pavé 3.000 ouvriers.

Le mal s'étend, d'ailleurs, aux travailleurs intellectuels, aux diplômés de toutes sortes.

Les sociétés primitives souffraient de famines meurtrières.

Nos sociétés, si merveilleusement outillées, connaissent un mal presque aussi déplorable. Elles ont les « sans-travail », cependant qu'elles dépensent d'immenses forces de production pour

______

(1) Le mal du chômage a amené ceux qui en souffraient à réclamer *le droit au travail pour tous*. Et la république de 1848, pour réaliser ce droit, établit un instant des ateliers nationaux où on embauchait les ouvriers inoccupés. Mais qui ne voit qu'on ne peut réaliser ce droit sans commencer par remédier aux causes d'inégalité qui rendent le chômag fatal ?

satisfaire au luxe de ceux que l'inégalité favorise (1).

§ III. — Ce qui serait juste.

De l'observation des inégalités oppressives sont
montées des revendications qui ont pris des formes
et, pour ainsi dire, des formules diverses. Un his-
torien des idées a ramené ces formules à trois
principales : *a)* Les uns ont réclamé le droit de tous
au travail (2) ; *b)* d'autres le droit de tous à la vie,
c'est-à-dire à la satisfaction des besoins (3) ;
c) d'autres, enfin, le droit de chacun à recevoir
le produit intégral de son travail (4).

(1) *Effets de l'inégalité sur la production des richesses.* Nous
avons envisagé l'inégalité en elle-même, en tant qu'elle est *trop*
pour les uns, *trop peu* pour les autres. Mais il est intéressant
d'étudier ses effets sur la production.

On ne produit que les objets pouvant satisfaire des besoins qui
sont dans la société. Mais quels besoins ? Non ceux qui sont les
plus criants, mais ceux qui peuvent payer. De la distribution des
richesses dépend donc la direction de la production.

Or, étant donnée l'inégalité, d'immenses forces de production,
forces de la nature et forces humaines, sont employées à créer des
objets qui ne satisfont que des besoins superficiels (des dentelles,
par exemple), au lieu de l'être à créer des objets pour les besoins nécessaires de tous, ou encore au lieu d'être laissées en repos, ce qui
serait un grand bien pour les forces humaines.

Au fond, la société emploie mal et gaspille ses forces productrices.
Appelons *valeur sociale* la valeur d'un objet non relativement aux
besoins qui payent, mais relativement à tous besoins. La société
emploie d'immenses forces à créer des objets de peu de valeur sociale.

(2) Nous avons déjà parlé de cette revendication (Louis Blanc, *la
Révolution de* 1848). — *Objection :* elle ne peut être préliminaire ;
le chômage, étant l'effet fatal de l'inégalité oppressive et injuste, on
n'y peut remédier qu'en remédiant d'abord à sa cause.

(3) Cabet, par exemple.

Objection : le travail devrait être, sinon la mesure de ce que chacun
aurait à recevoir, du moins, quand il est possible, la condition du
droit des besoins à des richesses.

(4) Certains disciples de Karl Marx. Ils posent en principe que

Demandons-nous à notre tour ce qui serait juste, en laissant complètement de côté pour le moment la question des moyens pratiques de réaliser la justice dans l'institution sociale.

Le besoin comme fondement du droit de propriété. — Appliquons notre principe : nous devons poursuivre la satisfaction des besoins *collectifs* dans l'ordre de leur valeur.

Le besoin est donc, dans une certaine mesure, un droit à la propriété. Dans la production sociale, chacun a droit à une part proportionnée à la valeur de ses besoins, en ce sens *qu'il a droit à les satisfaire avant que les autres ne prélèvent de quoi satisfaire des besoins de moindre importance.* Ne serait-il pas équitable, par exemple, que la société, avec sa grande puissance de production, cherchât à procurer à tous le bien-être et la culture indispensable avant de s'occuper des désirs de luxe ?

Le travail comme condition des droits du besoin. — Justice stricte et justice large. — Mais ce que nous la série des travailleurs qui, directement ou indirectement, contribuent à la production d'un objet, devraient s'en partager la valeur, au prorata de leur travail.

Deux objections :

a) Quand le travail est impossible, et c'est le cas des infirmes, les besoins ont cependant des droits. Ceux qui produisent les richesses ne doivent donc pas les garder intégralement pour eux.

b) La valeur d'un objet dépend non seulement du travail, mais encore des *éléments naturels* (terre, forces de la nature, etc.), qui y sont incorporés et du *désir* qu'on en a dans la société. *Ex.* : à travail égal, le vin du Médoc vaut plus que celui de Touraine.

Il n'y aurait donc pas de justice à ce que ceux qui produisent l'objet s'approprient, par cela même, toute sa valeur, puisqu'ils n'ont produit ni les éléments naturels incorporés dans l'objet, ni le désir qu'on en a.

venons de dire là n'est vrai que sous le bénéfice d'une restriction fondamentale, qui peut aller jusqu'à en supprimer les conséquences.

La richesse, en effet, est le produit du travail. La nature ne l'offre pas toute faite. Celui qui, ne travaillant pas, obtiendrait, au nom du besoin, une part dans la production, vivrait, en réalité, du travail d'autrui. Il exploiterait. Et le besoin n'est respectable qu'autant qu'il n'est pas, lui-même, oppressif et exploiteur.

Nous dirons donc : *le travail est la condition nécessaire pour que le besoin constitue un droit à des richesses.*

Dans une société où chacun aurait la volonté de travailler par esprit d'équité et pour ne pas vivre aux dépens des autres, les richesses pourraient être réparties sur la base des besoins. — Mais si les hommes ne consentent à faire effort que par intérêt égoïste, pour les empêcher d'exploiter leurs semblables, il devient dès lors nécessaire de proportionner *strictement* leur part à leur travail ou, plus exactement, à la *durée*, à l'*intensité*, à l'*habileté* de leur travail.

Ainsi qu'une justice large et complète soit possible ou qu'il faille, au contraire, se borner à une justice stricte et parcimonieuse, c'est ce qui dépendrait des sentiments fraternels ou égoïstes dont seraient animés les membres d'une société.

Le cas des incapables. — Le travail n'est nécessaire pour légitimer le droit du besoin *que s'il est possible.* Or, il y a, et il y aura toujours dans la société d'innombrables incapables de travail utile :

les enfants, les malades, les infirmes, les fous, les
idiots. Ils ne peuvent rendre de services, mais ils
ont des besoins qui crient. Or, d'après le principe
général de la justice, ces besoins, sans condition,
leur confèrent un droit à être *assistés*.

Conclusion. — Telles sont, semble-t-il, les idées
directrices que la raison impose à la bonne volonté.
Qu'il n'y ait pas de forme sociale qui puisse les
réaliser complètement, cela est certain. Mais le
devoir des bons citoyens est justement de chercher
quelles sont, dans les divers pays et dans les diverses
conditions, les **institutions** les plus capables de
garantir ces droits essentiels de l'homme.

COMPLÉMENT IV

Le droit à l'assistance.

Il nous faut revenir sur la question du droit des
indigents à l'assistance, tant à cause de son importance pratique que de son intérêt théorique. Elle
nous fera revenir sur les principes, un peu trop
simples et abstraits, que nous avons posés.

§ I. — **Les indigents.**

Il est des hommes qui, pour vivre, ne peuvent
rien donner en retour de ce qu'ils reçoivent. S'ils
n'obtiennent pas *assistance*, c'est-à-dire concours
gratuit, ils ne peuvent pas vivre.

La société actuelle est encombrée de ces
hommes. Pour se passer d'assistance, il faut avoir

de la fortune ou travailler : on obtient alors des
autres ce dont on a besoin en leur cédant du travail ou des richesses que l'on possède. Or, il y a
des milliers d'êtres qui ne possèdent rien et ne
travaillent pas. Ce sont les *indigents*, mot significatif qui veut dire en latin : *ceux qui ont besoin*.
Ils ont des besoins et nul moyen de les satisfaire.

Trois catégories d'indigents. — Un économiste
contemporain (1) en distingue trois catégories :

1° Ceux qui sont pauvres et n'ont pas les forces
physiques ou intellectuelles nécessaires pour travailler : enfants sans ressources, dont les parents
sont morts ou disparaissent en les abandonnant ;
enfants moralement délaissés, si nombreux dans
les grandes villes, que leurs parents maltraitent
ou privent de nourriture, de soins, parfois de
domicile, et qui n'ont plus que le grand désert de
la rue ; vieillards sans forces ou sans famille ou
pesant trop lourdement sur une famille trop
démunie ; malades atteints d'une affection tempo-
raire ou d'une maladie chronique, tous les infirmes,
les paralytiques, les fous, les idiots. Et ce déchet
de la santé publique augmente toujours avec la
concentration dans les grandes villes, avec la
débauche, l'alcoolisme. La civilisation semble
affaiblir le corps humain : elle multiplie les faibles
et les dégénérés ;

2° Ceux dont le travail est insuffisamment rémunéré ou qui n'ont pas de travail. Nous avons
expliqué la cruelle situation de ces hommes va-

(1) M. Gide, *Principes d'économie politique*.

lides et de bon vouloir qui ne trouvent pas à être employés par les possesseurs d'instruments de travail. L'impossibilité d'accroître la production entraîne pour beaucoup le *chômage inévitable* et le dénuement qui le suit. La production intense multiplie et aggrave ces crises. L'industrie moderne produit *en grand* les richesses, mais elle produit aussi *en grand* la misère et l'indigence ;

3° Ceux qui ne veulent pas travailler. Tout travail constitue un effort, exige de la constance, de la soumission à une discipline. Beaucoup d'hommes ont une humeur nomade et des instincts de paresse : mendiants de profession, malfaiteurs qui essayent de vivre aux dépens de la société, imprévoyants qui dissipent leurs ressources.

Ceux-là seuls, dans la mesure où ils auraient pu trouver un travail rémunéré, sont les auteurs responsables de leur indigence. Mais les autres ne sauraient subsister sans l'aide d'autrui. Vivant parmi les hommes, ils sont en dehors de la société. Errant dans la rue, où tout est pour lui un mirage décevant, l'enfant abandonné, sans abri et sans pain, coudoie ses semblables qui passent, indifférents.

§ II. — **Problème du droit à l'assistance**.

Nous retrouvons en cette question particulière la question générale que nous avons traitée de la justice et de la charité.

Les âmes bonnes sont toujours venues au secours des malheureux ; elles ont créé des œuvres admirables. Elles y ont été portées par l'altruisme naturel, par le cœur. L'homme bien né se révolte contre la souffrance de son semblable et désire la soulager. La religion et la philosophie ont fait aussi de cette pitié un devoir. Mais on en est resté longtemps à l'idée que ce devoir ne correspondait pas à un droit naturel de l'assisté, et qu'il constituait seulement un mérite pour l'assistant. D'où cette conséquence théorique (heureusement pas toujours observée dans la pratique) que l'assistance devait rester une mesure *privée* et *facultative*, que la société n'avait pas à réaliser obligatoirement.

Nous avons établi que tout devoir correspond à un droit et que la justice comprend tous les devoirs. La question se pose donc : La justice exige-t-elle l'assistance? L'assistance est-elle un droit pour l'indigent? Nos principes vont nous guider en ce sujet.

I. L'assistance due aux indigents victimes d'injustices sociales. — Les indigents ne peuvent se procurer le nécessaire, parce qu'ils n'ont rien et ne peuvent pas travailler. Ils n'ont rien : n'est-ce pas d'abord qu'ils n'ont pas toujours reçu ce à quoi ils avaient droit ? Ne savons-nous pas que certaines personnes, dans une situation privilégiée, reçoivent plus qu'elles ne donnent, obligeant d'autres à recevoir moins, et qu'ainsi il y a des injustices dans la répartition des richesses? Ce vieillard incapable de travail se trouve peut-être sans ressources parce qu'il n'a pas obtenu la quantité de richesses à laquelle son labeur antérieur lui donnait droit. La même injustice accable peut-être ce

travailleur frappé soudain en pleine vigueur, et
dont quelques jours de maladie consument les
dernières économies. Ces parents qui abandonnent
moralement leurs enfants, n'est-ce pas qu'un travail trop faiblement rémunéré les prend, père et
mère, tout le jour, supprimant toute vie de famille,
toute joie du foyer, leur faisant un corps et une
âme de bêtes de somme?

Ceux-ci chôment : est-il équitable qu'ils soient
sans travail, tandis que d'autres, sans plus de
bonne volonté et d'aptitudes, en obtiennent? Et
leur chômage d'ailleurs ne tient-il pas au manque
de ressources des masses qui empêche d'accroître
la production?

Des injustices, indéterminées il est vrai, et pour
ainsi dire *disséminées*, sont donc en partie la cause
de l'indigence. Ce n'est pas telle personne, mais
toute la société qui en est responsable. Et peut-
être ne peut-on les supprimer complètement.

Mais elles créent pour ceux qui souffrent un
droit à les voir réparer, dans la mesure du possible, par l'assistance. Et le fondement de ce droit
est ici cette simple équité qui veut que chacun
reçoive autant qu'il donne.

II. L'assistance due aux indigents par nature. — Mais
l'indigence a d'autres causes. Supposons une cité
idéale, où chacun recevrait exactement ce qui lui
est dû; où la quantité de travail, rendue possible
par l'étendue de la terre et le nombre des instruments, serait justement répartie parmi les hommes
de bonne volonté. Dans cette cité surhumaine,
l'iniquité et la malechance ne feraient point de

pauvres. Pourtant on y verrait encore des indigents : infirmes, fous, imbéciles, faibles de corps et d'esprit ; ouvriers mutilés par des accidents de machine ; travailleurs dépouillés du fruit de leur travail par une catastrophe naturelle, par un incendie, un tremblement de terre, un désastre comme celui de la Martinique. Ceux-là, frustrés par la nature, non par la faute des hommes, sont rendus par elle incapables de rien donner pour recevoir ce dont ils ont besoin.

Faut-il donc les laisser périr, ou les égorger comme font certaines sociétés sauvages? Le cœur répond en créant des hôpitaux et des asiles. Mais que dit la raison commune?

Ici nous retrouvons le principe que nous avons posé : *le travail n'est une condition du droit du besoin à la richesse qu'autant qu'il est possible*. Dès qu'il est impossible, le droit du besoin reste absolu. Ces indigents qui ne peuvent alimenter leur propre existence ont des besoins criants aussi importants que les nôtres. Nous devons donc partager avec eux la vie.

Cependant, si le droit du besoin n'est pas conditionné par le travail, quand celui-ci est impossible par nature, il est conditionné par le droit des autres besoins. En d'autres termes, il ne faut pas que le besoin de l'indigent opprime le besoin de même valeur chez le bien portant. Si, comme le craint un philosophe (1), les débiles et les infirmes devaient constituer un poids trop lourd

(1) Un philosophe, mort récemment, M. Spencer, homme de grand cœur autant que de grand esprit, craignait que les infirmes, si on s'efforce de les faire vivre, n'affaiblissent la santé de la race.

pour les hommes sains, s'ils devaient affaiblir la race, consommer trop de ressources nécessaires, si tout malade qu'on fait vivre devait supprimer la vie d'un bien portant, la question demanderait peut-être une autre solution.

Mais, dans la mesure où il en est autrement, nous devons proclamer le droit à l'assistance pour les indigents par nature. Ici l'assistance n'est plus fondée sur la simple équité de l'échange égal ; elle naît de ce degré supérieur de justice, aussi nécessaire moralement que le degré inférieur et que nous avons appelé *fraternité*.

III. L'assistance n'est pas due aux indigents volontaires. — Chacun a le droit de ne pas travailler, de dissiper ses ressources, d'implorer la charité privée ou de mourir de faim. Mais il est évident que tous ces indigents volontaires n'ont aucun droit d'exiger qu'on les fasse vivre. *Le travail, dès qu'il est possible, est sinon la mesure, du moins la condition du besoin.* L'assistance n'est pas due aux paresseux, aux imprévoyants. Il est même légitime que la société se protège contre le danger qu'ils peuvent faire courir à la vie et aux biens des travailleurs (1), et qu'elle les oblige à entretenir les êtres qu'ils ont mis au monde.

Seulement l'assistance sociale aussi bien que la charité privée trouvent un difficile problème pratique dans la nécessité de discerner les indigents de cette troisième catégorie et surtout de ne pas

(1) La législation française condamne à la prison tous ceux qui n'ont ni domicile, ni « moyens d'existence connus ». Mais on peut trouver que cette mesure prise par la société pour se protéger dépasse le droit de la société, et qu'elle est singulièrement brutale.

les multiplier. Tant d'hommes sont enclins à la paresse ou à l'imprévoyance, et ne donnent pas l'effort désespéré qui sauve de l'abîme s'ils comptent sur le concours de leurs semblables ! Le devoir de l'assistance est limité par l'obligation de ne pas affaiblir l'initiative et l'effort individuel et d'économiser les ressources toujours très restreintes de la société.

§ III.— **Assistance publique et assistance privée.**

Nous voici encore en présence d'une question que nous avons déjà traitée en général : celle des rapports du droit naturel au droit positif.

L'assistance étant, sous les conditions que nous avons déterminées, un droit naturel, la société doit le réaliser. Il faut que des sommes soient inscrites au budget de l'Etat ou des communes pour faire vivre les malheureux.

D'ailleurs, le principe de l'assistance *socialement obligatoire* s'est peu à peu imposé à toutes les nations civilisées; toutes reconnaissent que la justice, même à ce degré supérieur que nous avons appelé fraternité, correspond à des droits exigibles et doit descendre dans les lois. C'est ainsi qu'en France, pendant la Révolution, la Convention inscrivit dans sa Déclaration des droits : « Les secours publics aux indigents sont « une dette sacrée et c'est à la *loi* à en déter- « miner l'étendue et l'application. »

Mais, comme nous l'avons vu, il y a toujours une *disproportion fatale entre le droit naturel et le droit réalisé et garanti par la société.* L'assistance sociale ne saurait donc rendre inutile la charité privée.

D'abord celle-ci devance toujours celle-là. Le cœur devine les souffrances et les droits des malheureux avant les institutions et les lois. En voici un exemple. En France, la société prend à sa charge les enfants orphelins ou abandonnés qui deviennent ainsi « les enfants assistés ». Mais elle ne recueille point ceux qui ont plus de douze ans. Jusqu'à ces dernières années, la police les arrêtait comme vagabonds et les traduisait devant les tribunaux. Acquittés comme ayant agi sans discernement, ils étaient jetés dans des colonies pénitentiaires parmi les jeunes criminels ! Il a fallu que des associations de charité privée, comme « le Sauvetage de l'enfance (1) », interviennent pour arracher au péril ces abandonnés de la société. C'est encore l'initiative de particuliers qui a entrepris dans plusieurs grandes villes de France de mener chaque année, en colonies de vacances, des enfants du peuple à la campagne ou au bord de la mer.

Mais alors même que l'Assistance publique aurait toutes les ressources nécessaires et remplirait tout son office, la place de la charité individuelle resterait considérable. Seule elle peut découvrir les souffrances qui se cachent et révéler celles qui s'ignorent ; seule elle peut soulager les douleurs non prévues par les lois ; seule surtout elle peut ajouter à l'assistance matérielle

____

(1) Jusqu'ici on a autorisé chaque année dans les lycées et écoles des collectes en faveur du sauvetage de l'enfance, pour que les enfants apprennent à venir en aide à leurs *frères* abandonnés.

l'assistance morale, l'affection, la consolation, l'encouragement que les lois ne peuvent exiger, car la bonté ne se commande pas.

Mesures préventives. — D'ailleurs, les meilleurs moyens d'assister l'indigence, c'est encore de la prévenir, d'en tarir les sources. Et c'est en tout cas le seul refuge contre son flot envahissant. Des injustices sociales créent fatalement la pauvreté ; l'alcoolisme engendre des populations de fous ou d'imbéciles. Toute réforme publique ou privée qui atténue les inégalités injustes, toute mesure prise contre l'alcoolisme, valent bien des millions dépensés en secours ou en créations d'hôpitaux.

CHAPITRE XV

LA LIBERTÉ DE PENSER

§ I. — Qu'est-ce que la liberté de penser ?

Penser, c'est se former des opinions, s'appliquer à distinguer le vrai du faux.

La source intérieure de nos croyances. — La plupart de nos opinions, nous les avons sans savoir pourquoi, nous ne connaissons pas les raisons qu'on pourrait donner de leur vérité. Seulement nos parents, nos maîtres, ceux qui sont autour de nous, les professaient. Elles se sont transmises à notre esprit par *imitation*, s'y conservent par *habitude*. Elles sont, au sens propre du mot, des *préjugés*.

Mais d'autres croyances nous sont plus personnelles. La démonstration d'un théorème de géométrie une fois comprise, nous le croyons vrai parce que nous saisissons la nécessité logique qui le fait vrai. Le citoyen qui, avant de voter, lit, s'informe, réfléchit, connaît le fondement de ses propres opinions politiques.

Avoir des croyances personnelles, c'est donc *prendre conscience intérieurement* des raisons de leur vérité. Quand nous ne pénétrons pas jusqu'à ces raisons, nous pouvons avoir des opinions vraies, mais nous ne connaissons pas la vérité. Notre pensée n'est qu'un reflet, elle n'existe pas réellement.

Manifestations de nos opinions. — La pensée et sa manifestation par des actes, des paroles, des écrits sont, en quelque sorte, deux moments inséparables. Croire, en soi-même, une idée vraie, c'est la croire vraie pour tous. Comment donc ne pas vouloir la communiquer, comment donc ne pas vouloir agir et faire agir les autres d'après cette évidence intérieure?

La liberté de penser. — La liberté de penser est donc la faculté d'examiner les choses par soi-même, de former personnellement ses opinions et de les manifester.

§ II. — Le devoir de tolérance fondé sur ce fait que la vérité se révèle intérieurement.

Le droit de penser librement n'a pas seulement été violé en fait : longtemps on l'a méconnu et nié en théorie; le mot même de tolérance (1) en est la preuve.

(1) Le mot tolérance indique que d'abord on n'a accordé la liberté de penser ou de pratiquer un culte non officiel que par une grâce et une condescendance qu'on ne croyait pas obligatoires (édit de tolérance).

Le sophisme de l'intolérance. — **La vérité n'a-t-elle pas plus de droit que l'erreur?** — La théorie de l'intolérance pense se justifier par le raisonnement suivant : La vérité a le droit de combattre l'erreur et d'employer tous les moyens propres à la faire disparaître; elle a des droits par cela même qu'elle est la vérité, et l'erreur n'en saurait avoir. C'est ce qu'ont soutenu, avec une entière bonne foi, de grands docteurs de l'Eglise. Ce raisonnement ne traduit-il pas d'ailleurs une impulsion naturelle? Quand nos yeux sont éblouis par une évidence, impatients de ne pas voir tous les yeux s'ouvrir à elle, n'avons-nous pas une tendance involontaire à l'imposer par des moyens plus efficaces que la persuasion, afin d'assurer son triomphe légitime?

Critique du sophisme. — Au fond de l'argument de l'intolérance, il y une absurdité logique.

On est certain de tenir la vérité. Mais d'où vient cette certitude? De nulle autre source que de raisons individuelles qui ont jugé valables les motifs d'y croire. Si majestueuse que soit une vérité, quelque autorité que lui donne une vénérable tradition, elle n'a d'autre titre à produire que d'avoir paru véritable à des individus. La vérité ne se révèle *qu'intérieurement dans des esprits individuels.*

Mais l'erreur qu'on veut persécuter a justement le même titre. Elle aussi a paru véritable à ceux qui la professent. N'est-il pas contraire à toute justice défendable d'accorder aux uns le droit de juger par eux-mêmes et de le refuser aux autres?

Possibilité de l'erreur. — Il y a plus. La raison individuelle se **trompe** parfois, dans le moment même où elle est le plus vivement frappée par l'évidence. Comment ce danger toujours présent ne s'ajouterait-il pas au motif précédent d'être tolérant? « La tolérance est l'apanage de l'huma-
« nité, dit Voltaire; nous sommes tous pétris de
« faiblesse et d'erreur; pardonnons-nous récipro-
« quement nos sottises. » Seuls ceux qui ne jugent pas par eux-mêmes se croient infaillibles. « L'ignorant doute peu; le sot encore moins; le
« fou jamais », a remarqué un philosophe (1).

Ainsi, la vérité se découvrant intérieurement par la connaissance des raisons de croire, nous devons accorder aux autres esprits comme au nôtre le droit de juger par soi-même et conserver, même dans la certitude, le sentiment de l'erreur possible.

§ III. — Le devoir de tolérance fondé sur ce fait que la vérité se révèle progressivement.

Les maux engendrés par l'intolérance l'ont rendue à jamais haïssable. Elle a fait couler des fleuves de sang, épuisé des pays par les persécu-tions, allumé entre les hommes des haines que les siècles n'apaisent pas. Mais d'autres causes que les divisions de croyances ont parfois suscité des inimitiés et des guerres.

Le mal propre à l'intolérance. — Le mal propre à l'intolérance est d'une autre nature et peut-être

(1) Renouvier.

plus redoutable encore. La vérité n'apparaît que peu à peu, elle ne se révèle que *progressivement*. En toutes choses, les hommes commencent par avoir des opinions fausses ou incomplètes; puis un homme vient qui a une opinion plus juste, détruisant ou complétant les autres. Le progrès se fait donc par l'*hérésie* (1). L'intolérance, qui tue l'hérésie, tue du même coup la vie de l'esprit.

Cela est vrai dans tous les domaines :

Vrai pour les sciences : elles sont filles du libre examen; elles sont nées quand la raison s'est affranchie de l'autorité religieuse. Elles avancent, non seulement par addition de vérités nouvelles, mais par revision incessante et reconstruction des théories. Vrai dans la morale et la politique : le droit ne se développe que par des idées neuves et hardies; les mauvaises institutions ne cèdent qu'aux coups répétés de la critique, se faisant jour dans les discours publics, la presse, les livres.

Vrai pour les religions elles-mêmes. Le croyant rattache à ses idées religieuses toute sa vie morale, car il conçoit tous ses devoirs comme des ordres de la volonté souveraine. Si donc les croyances religieuses n'évoluent pas, elles gênent et étouffent le développement nécessaire des idées et des sentiments moraux, jusqu'au jour où, ce développement les faisant éclater, elles tombent comme une enveloppe vide.

Tel est le châtiment que l'intolérance porte en elle de paralyser le progrès des esprits et des

(1) Les religions appellent *hérésies* toutes croyances individuelles qui s'écartent de leurs dogmes. Ici nous prenons le mot dans son sens le plus large : toute opinion qui s'écarte de l'opinion commune.

institutions. Et l'histoire le vérifie par l'expérience : toujours l'intolérance fut chèrement payée.

§ IV. — Sources de l'intolérance.

Il ne faut pas chercher bien loin pour trouver deux sources constantes d'intolérance : *l'esprit de domination et l'intérêt*. Esprit de domination inhérent à la nature humaine ; tendance invétérée de la volonté à régenter les autres volontés. Intérêt d'un gouvernement ou d'une classe sociale à préserver leur suprématie et leurs privilèges. — Les deux causes conspirent pour opprimer la pensée, qui est nécessairement et par essence une puissance d'affranchissement et de révolte contre l'injustice.

L'intolérance religieuse requiert une explication spéciale. — Cependant ni l'une ni l'autre de ces deux causes n'expliquent pourquoi les croyances religieuses ont été infiniment plus intolérantes que toutes les autres croyances.

L'intolérance religieuse a été le fléau le plus cruel de l'humanité. « Que la Terreur révolution- « naire se garde bien de se comparer à l'Inquisi- « tion, dit Michelet... Qu'est-ce que les seize « mille guillotinés de l'une devant ces millions « d'hommes égorgés, rompus, pendus, ce pyra- « midal bûcher, ces masses de chair brûlées que « l'autre a montées jusqu'au ciel ? La seule inqui- « sition d'une des provinces de l'Espagne établit, « dans un document authentique, qu'en seize « années elle brûla vingt mille hommes... Mais

« pourquoi parler de l'Espagne plutôt que des
« Albigeois, plutôt que des Vaudois des Alpes,
« plutôt que des beggards de Flandre, des protes-
« tants de France, plutôt que de l'épouvantable
« croisade des hussites? »

Or, certainement, si l'histoire pouvait en être
faite, on reconnaîtrait que ce furent les religions
des peuples primitifs qui eurent le fanatisme le
plus funeste et qu'elles furent bien plus meurtrières encore que l'Inquisition.

Principe du fanatisme religieux. —Tous les codes
des sociétés primitives punissent de peines relativement modérées les crimes contre les personnes
ou les biens, mais ils réservent leurs sanctions les
plus terribles pour les manquements aux prescriptions religieuses.

Ce simple fait nous révèle quel est le principe
du fanatisme religieux. Il est dans cette idée que
les croyances contraires à la foi sont non seulement des erreurs mais des *crimes.* Elles sont, en
effet, des offenses à la volonté suprême qui ne
peut être apaisée que par une expiation.

Comme la foi a été longtemps le foyer de la vie
morale et sociale, cette idée a été forte et persistante comme un instinct vital. Saint Augustin
recommande, lorsqu'échoue la persuasion, «d'employer la contrainte pour ramener l'infidèle ».
« Si les faussaires et les malfaiteurs sont juste-
« ment mis à mort, dit saint Thomas, à plus
« forte raison les hérétiques convaincus doivent-
« ils être non seulement excommuniés, mais punis
« de mort. »

Dans toutes les religions nous entendrions de semblables paroles et certains de ceux qui les prononcèrent furent des héros de douceurs, admirablement exercés à bannir d'eux-mêmes tout esprit de haine.

Et encore aujourd'hui ne trouverait-on pas des croyants qui pensent qu'un athée de bonne foi est criminel d'être athée?

Erreur morale et superstition dans le principe du fanatisme. — Une erreur peut être coupable si elle est l'effet de la légèreté d'esprit ou de la prévention. Mais *elle n'est jamais une faute par sa matière*, parce qu'elle porte sur tel ou tel objet, parce qu'elle affirme ou nie ceci ou cela. La sincérité est aussi respectable dans l'erreur prétendue que dans la vérité prétendue.

Le fanatisme repose donc, lui-même, sur une désastreuse erreur morale, que le croyant doit considérer comme une superstition incompatible avec une religion éclairée, car il y a superstition à concevoir un Dieu parfait comme capable de s'offenser d'opinions sincères et d'être touché par d'autres qualités que la bonne volonté.

§ V. — **La méthode légitime pour changer l'opinion d'autrui. — Sa nature.**

De plus en plus la tolérance est reconnue par la conscience collective comme la règle qui doit présider aux rapports entre les esprits. Elle apparaît comme le principe souverain de la société des esprits. Mais comment faut-il entendre cette règle de tolérance?

Méthode légitime pour changer l'opinion d'autrui. — Le respect des croyances d'autrui ne nous interdit pas de les discuter, de les contredire, d'y substituer les nôtres.

Tout au contraire, il ne faut pas que les esprits restent fermés les uns aux autres.

Seulement nous ne devons changer les opinions de notre semblable qu'en lui donnant des raisons de les trouver fausses et de croire les nôtres vraies.

A cette condition, les esprits restent libres si l'un renonce à ses croyances et adopte celles de l'autre, c'est pour des motifs dont il s'est rendu compte, dont il a été le juge. Il est *contraint* de changer, mais par sa propre raison.

Les esprits restent libres et cependant, à travers les oppositions, l'accord se fait entre eux et c'est une mauvaise objection qu'on présente contre le principe de la tolérance, quand on dit qu'il ne peut conduire qu'à l'anarchie des intelligences et des volontés. L'accord se fait, parce que *la raison, si elle se manifeste individuellement, n'en est pas moins universelle*, en ce qu'elle révèle à l'individu une vérité qui est vraie pour tous. La science est ici un exemple éclatant et décisif : les savants mesurent toutes leurs opinions à leur raison individuelle et cependant ils édifient une science qui est universelle.

Au contraire des corps, les esprits peuvent agir les uns sur les autres en quelque sorte, du dedans, et se pénétrer tout en restant eux-mêmes.

Définition de la tolérance. — Appelons méthode spirituelle ce mode d'action d'un esprit sur un autre esprit. Elle unit ces deux caractères, en apparence opposés, de respecter la liberté et de faire l'accord. Par là, elle est seule légitime dans les conflits d'opinions.

La tolérance est d'user exclusivement de cette méthode.

Nous dirons qu'*elle consiste à n'employer que la raison pour former ou changer l'opinion d'autrui*. L'intolérance, au contraire, se sert de moyens extérieurs à la raison. Elle fait appel à la violence, à l'intérêt, ou dresse les esprits, dès le jeune âge, à ne pas se rendre compte.

Le principe de la tolérance et le principe démocratique. — Leur parenté. — Le principe de la tolérance triomphe dans notre civilisation en même temps que le principe démocratique. Ils sont, dans le fond, logiquement solidaires.

Cette idée qu'il faut laisser l'individu juger par lui-même du vrai et du faux, et cette autre qu'il faut le charger du gouvernement de la société à laquelle il appartient, ont évidemment un même fondement théorique : la reconnaissance du droit de l'être raisonnable.

Principe de la laïcité de l'Etat. — De là, dans nos sociétés, le progrès d'un principe nouveau : celui de la laïcité de l'Etat. L'Etat ne doit pas être subordonné à une religion particulière et conçu comme l'organe de la volonté divine que cette religion interprète. Il représente la raison commune et les idées de droits et de tolérance que la raison commune reconnaît vraies.

Comme représentant de ces idées, il garantit aux opinions particulières des droits égaux à se répandre, pourvu qu'elles ne soient pas, elles-mêmes, oppressives et intolérantes. C'est au nom de ces idées qu'il exerce ses diverses fonctions (laïcisation progressive des services publics). Et il a le droit, même le devoir de les enseigner aux enfants (1). (V. p. 202).

(1) On dira peut-être et, de fait, on a dit que l'Etat transgresse lui-même la tolérance en appliquant et en enseignant d'autorité certains principes, alors que des citoyens se trouvent qui ne les admettent pas. — Il y a là, en effet, une possibilité qu'il faut examiner. Supposons qu'un homme nie les principes du droit et de la tolérance. Entre lui et ceux qui les admettent il n'y a plus de postulat commun permettant de se convaincre et de se mettre d'accord L'accord devenant impossible, c'est à la force à décider. Bref, il n'y a de société de droit possible qu'entre personnes qui reconnaissent le droit de la personne. D'où cette idée fortement formulée par Locke et reprise par M. Renouvier : l'intolérance est légitime à l'égard des intolérants.

CHAPITRE XVI

LA FAMILLE

Lien de ce qui précède avec ce qui va suivre. —
En fait, il existe dans la société des institutions
où l'individu se trouve engagé et qui affectent
profondément sa vie. Au-dessus de toutes les
autres par l'importance et la généralité (1) sont la
famille et la nation.

La morale, pour remplir complètement son
programme, aurait à chercher comment doivent
être organisées ces institutions pour servir aux
fins suprêmes que la raison assigne à l'homme.
Elle aurait même, préalablement, à se demander
s'il est bon que ces institutions existent et si le
fait est justifiable *en droit*.

Or, à propos de cette question préalable, faisons
d'abord une remarque très générale : il est nécessaire, *en droit*, que dans la société se forment des
sociétés plus petites, des associations particulières,
parce que les individus peuvent y collaborer,
matériellement et moralement, d'une façon qui

---

(1) *Généralité*. En ce sens que tous les hommes sont pris dans
ces institutions.

serait impossible dans l'ensemble. Tous les hommes, par exemple, ne peuvent pas être amis, s'assister de leur affection, ou encore former une seule et même union de secours mutuels.

§ I. — Généralités historiques.

La famille diffère de toutes les autres sociétés particulières en ce qu'elle est celle où la solidarité est la plus étroite et surtout la plus complète. Ses membres sont solidaires relativement à presque tous leurs besoins aussi bien physiques que moraux. C'est une communauté presque entière de la vie.

Définition. — La famille est, *essentiellement*, le contraire de l'union libre, quelque durable que soit celle-ci.

Elle est une union soumise à des règles écrites ou fixées par la coutume et l'usage. Elle est une *institution juridique*.

Mais il faut répéter à son sujet ce que nous avons dit de la propriété. Elle a présenté les formes les plus diverses, les plus éloignées de celles qui existent actuellement. Elle a varié constamment quant à sa composition et quant aux rapports qu'elle établit entre ses membres (1).

Origine de la famille. — La famille, telle que nous l'avons définie, ne peut être que *postérieure* à la constitution de groupes sociaux. Puisqu'elle est soumise à des règles, elle suppose une société

(1) Voir Durkheim, *Revue philosophique*, décembre 1893.

qui impose et sanctionne ces règles. Dans le groupe social, au début, il n'y eut pas de familles, mais union libre, sans règles, ou comme on dit *promiscuité*.

En vertu de causes mal connues, la famille se forma peu à peu, difficilement, et sur les bases les plus diverses. Pour prendre un exemple, il est certain que la filiation fut longtemps *maternelle*, les enfants appartenant à la famille de la mère et restant étrangers au père. Ce fut la période du *matriarcat*. La filiation paternelle fut postérieure.

Famille patriarcale. — Le patriarcat est une organisation de la famille qu'il est intéressant de connaître, parce qu'elle est assez récente pour avoir eu une action sur l'institution actuelle. Elle a été à peu près générale et s'est reproduite, quand les conditions d'existence sont revenues les mêmes. Nous la trouvons dans les premiers temps de la Grèce et de Rome.

Peut-être a-t-elle eu pour cause la condition d'existence pastorale. Pour trouver de nouveaux pâturages, les familles étaient obligées de se séparer et de se constituer en petits groupes sociaux se suffisant à eux-mêmes.

Elle se compose, en général, des parents, des descendants en ligne masculine, des esclaves et des serviteurs. Ce qui la caractérise, *c'est le pouvoir du père de famille*. Celui-ci est chef, roi plutôt que père, et roi despotique, maître absolu des personnes et des biens. C'est aussi qu'elle absorbe plus ou moins en elle toutes les fonctions sociales;

par exemple le chef de famille est, dans des
limites variables, chef de justice, chef de
guerre.

Comme elle est une petite société indépendante,
la famille patriarcale se développe à mesure que
la société plus étendue se désagrège, et elle se dissout, nous le voyons par l'exemple de la Grèce et de
Rome, à mesure que se constituent la puissance
et l'unité de l'Etat.

La famille actuelle. — La famille d'aujourd'hui
est une institution entrêmement complexe. On y
retrouve les *lois romaines*, les *lois barbares*, les *lois
de l'Église*. Surtout elle est le résultat des transformations profondes dans l'organisation sociale
et du développement des idées morales.

**Elle a une tout autre base que la famille patriar-
cale.** — Celle-ci a pour base le pouvoir du chef.
Le mariage ne la fonde pas. Il fait seulement
entrer la femme dans la famille préexistante du
mari, mais le mari n'est rien. Au contraire, le
consentement des époux, que le mariage enregistre,
fonde la famille actuelle. Elle a pour chef le mari
ou plutôt les deux époux.

§ II. — L'organisation morale de la famille.

La famille n'est donc pas une réalité immuable.
Elle se transforme en fonction de l'organisation
sociale et en fonction des idées morales. Et la
morale pour diriger, dans la mesure du possible,
l'évolution des institutions, devra étudier profon-

dément ces transformations passées dans leurs
causes et leurs conséquences.

Cependant, abandonnant ces questions de fait,
demandons-nous quels sont les principes de l'organisation la plus parfaite de la famille.

**I. Le consentement mutuel doit être le fondement
de la famille.** — C'est là, nous l'avons vu, le principe actuel de la famille et ia morale ne peut que
l'approuver. L'union contrainte serait la pire des
servitudes, la plus meurtrière de tous les sentiments du cœur.

II. La consécration du mariage. — Famille et union
libre. — La famille n'existe, en opposition avec
l'union libre, qu'autant que le consentement
mutuel est enregistré suivant des formes solennelles, afin que la société y attache des conséquences juridiques. Or, ce sont ces conséquences
juridiques qui font la valeur morale de la famille.
Ceux qui ne font pas consacrer légalement leur
union sont gravement coupables, parce qu'ils peuvent se dérober aux devoirs qu'impose la solidarité familiale. L'homme peut abandonner lâche-
ment la femme, la livrer à la misère, délaisser les
enfants dont il est responsable. Est-il résolu à
remplir ses devoirs? Il n'en est pas moins coupable de ne pas prendre de garanties contre ses
défaillances possibles.

Cependant la conscience se trouve en présence
de deux exigences contraires. D'une part, des lois
sont nécessaires pour contraindre à l'exécution de
certains devoirs; d'autre part, des lois risquent

d'opprimer en des personnes qui souffrent d'être unies en les maintenant unies. Un dramaturge contemporain (1) a comparé la vie commune obligatoire à des « tenailles » qui broient les cœurs. La famille peut être un enfer. De là, le moyen de rompre le mariage par le *divorce* inscrit dans les codes de la plupart des pays civilisés. Mais de savoir dans quelles limites maintenir la possibilité du divorce pour que la famille ne se dissolve pas dans l'union libre, c'est un des problèmes les plus délicats qu'aient à résoudre la morale et la législation.

III. Le mariage doit être monogamique. — Quelles que soient les origines historiques de la monogamie, elle est fondée actuellement sur la nature du sentiment le plus profond du cœur humain : c'est un caractère de l'amour, de l'amour véritable, d'être exclusif et de n'être possible qu'entre deux êtres. S'il se disperse, il cesse d'être ; ou plutôt il se décompose et il ne reste que l'amour physique. La polygamie est donc le pire outrage à la dignité de la personne ; la femme qui se donne « ne reçoit qu'une partie de celui auquel elle appartient » (2), et n'est plus qu'un instrument. La polygamie n'est possible que là où la femme a encore une âme d'esclave.

Le corollaire du principe monogamique est le devoir de fidélité. L'infidélité est la plus grave des injustices, celle qui brise la vie et meurtrit l'âme.

(1) M. Hervieu, dans sa pièce *les Tenailles*.
(2) Kant.

§ III. — **Rôle moral et social de la famille.**

Les fonctions de la famille ont nécessairement varié en même temps que son organisation. Si la famille patriarcale, par exemple, absorbe en elle la plupart des fonctions sociales, nous avons vu comment la société plus étendue se reconstituant les lui reprenait peu à peu. Et il est certain que cette évolution par laquelle des fonctions sociales passent de la famille à la société se poursuit sans cesse, fonctions économiques, fonctions d'instruction des enfants, d'assistance aux vieillards.

Cependant le rôle de la famille n'en reste pas moins considérable, plus important par certains côtés et plus noble qu'autrefois. Etudions ce rôle par rapport aux fins supérieures de l'individu et de l'espèce.

On peut dire que la famille a trois fonctions essentielles : les joies de l'affection mutuelle, l'association de certains travaux et de certains intérêts matériels, l'éducation des enfants.

I. La famille, association d'affection mutuelle. — Le bien le plus précieux pour l'individu est d'être aimé. Etre aimé, sentir qu'on n'est pas seul à s'intéresser à soi, qu'un autre cœur palpite de nos souffrances et de nos joies, qu'une autre volonté veut ce que nous voulons. Et ce bien considérable que l'individu demande aux autres, il doit chercher de le leur procurer. Il n'y a pas pour les hommes de fin d'une valeur plus grande que l'affection mutuelle.

La famille, condition éminente de l'affection mutuelle — Il n'est pas de société particulière qui offre des conditions plus favorables que la famille pour atteindre ce grand bien. C'est que *la nature* ici vient en aide au devoir. L'homme et la femme sont portés à s'aimer de cet amour puissant qui tient à la différence des sexes ; ils aiment leurs enfants par instinct naturel ; et la vie commune resserre encore ces liens du cœur. Ces *trois causes* font naître dans la famille une affection si puissante que, si la mort vient l'interrompre, la vie semble se retirer des survivants.

Joie du foyer. — Dans la famille, l'individu peut savourer cette douceur incomparable de vivre avec ceux qu'il aime et d'aimer ceux avec qui il vit. Seul, il est faible et désarmé. Entouré d'une famille où l'on s'aime, il devient fort : fort de la joie de cette affection mutuelle qui survit à une carrière manquée, aux amitiés déçues, à la méchanceté des hommes, à la ruine de la santé. L'attachement réciproque donne aux membres de la famille un bonheur *indépendant*, un abri contre les déboires du dehors. De là ces fortes paroles d'un des savants qui ont étudié le plus profondément l'histoire et la fonction de la famille : « Le « sentiment religieux qui s'imagine que Dieu, « créateur de l'univers, se préoccupe spéciale- « ment du sort de chaque individu, s'ébranle « devant la science et l'homme perd facilement « la joie de vivre en gagnant une connaissance « plus exacte de la nature. Mais plus la famille se « développe comme *le contrepoids* du monde,

« plus elle devient ce que Dieu était autrefois : le
« but absolu de l'existence individuelle (1). »

II. La famille, association d'intérêts matériels. —
La famille est une mise en commun des moyens
matériels d'existence, selon des formes diverses.
Elle est surtout une *collaboration*, qui varie avec
les conditions d'existence. Tantôt, par exemple,
l'homme et la femme accomplissent tous deux des
travaux rémunérés, tantôt la femme se réserve
ceux du ménage. Et, dans ce cas, c'est un préjugé
bien injuste qui prétend que l'homme seul « fait
vivre la famille ». Est-ce que les travaux du
ménage ne sont pas aussi nécessaires à la vie de
tous et souvent aussi rudes ?

III. La famille et la fonction d'éducation des enfants.
— L'enfant vient au monde avec des besoins du
corps et de l'âme et aucun moyen de les satisfaire.
Il est l'*indigent* absolu. Or, ses besoins sont des
droits, les plus intéressants de tous les droits.
Qui va l'assister, l'élever?

Consultons d'abord les faits, car les choses
résolvent les problèmes avant les théories. En
fait, la famille surtout, mais aussi des associations privées et l'Etat, assument la fonction d'entretien et d'éducation et se la partagent suivant
une portion qui dépend de l'organisation sociale.
La vie scolaire prend une place de plus en plus
considérable dans l'éducation. Et pour toute une
catégorie d'enfants, l'Etat prend à sa charge les

---

(1) Starcke, *La famille dans les différentes sociétés* (Giard et
Brière).

frais de l'instruction et même d'une partie de l'entretien (école gratuite; cantines scolaires, etc.).

Mais *en droit*, quelles sont les idées directrices du régime désirable? Sans doute les parents, par cela seul qu'ils sont les auteurs responsables de cette vie nouvelle, ont l'obligation de satisfaire ses besoins (1), si aucune autre institution ne prend une partie de la charge. Mais à côté de ce devoir des parents, n'y a-t-il pas un devoir de la société? C'est là une question infiniment plus complexe qu'il ne paraît d'abord.

Le principe des droits de l'enfant. — Un grand principe incontestable et de plus en plus incontesté, mais qui rompt avec des idées anciennes, est le suivant: L'enfant n'appartient pas à la famille, au sens propre du mot appartenir. Il n'est la propriété de personne, étant lui-même, au moins en germe, un esprit, un être raisonnable. Ne disons pas davantage qu'il appartient à la société. Supprimons radicalement toute idée de propriété à son sujet. Formulons seulement que, dès la naissance, il *fait partie* de la société juridique, c'est-à-dire de la société où tous doivent garantir les droits de chacun.

Conséquence : l'éducation est une fonction sociale. — La conséquence de ce principe est que l'éducation est une fonction sociale. Sa fin est une fin de la société, à laquelle la société doit pourvoir, à savoir la réalisation du droit de l'enfant, de son

(1) « Les époux, dit le Code, contractent par le seul fait du « mariage, l'obligation de nourrir, entretenir et élever l'enfant. »

droit à vivre et à se développer physiquement et moralement.

La famille incomparablement plus qualifiée que toute autre institution pour élever l'enfant. — Qu'on ne conclue pas de ce qui précède que la société doive entreprendre intégralement l'éducation de l'enfant, comme le rêvait Platon. L'éducation est une fonction sociale, mais quelle institution serait mieux qualifiée que la famille pour être chargée de la part la plus considérable de cette fonction? Cette supériorité tient à bien des causes, mais dont une décisive : les parents seuls aiment vraiment l'enfant ; ils ont pour lui la tendresse infinie, la patience, l'indulgence inépuisable ; ils l'aiment au point de dépasser leur devoir, d'user leurs forces, de faire de leur propre vie un moyen pour sa vie à lui. L'orphelin, élevé dans la meilleure des institutions, demeure une victime du sort. Si bon qu'on soit pour lui, il est à plaindre (1).

Et s'il est des familles que la pauvreté, que l'obligation du travail au dehors pour la femme, empêchent de remplir comme il conviendrait cette fonction, c'est là un grief de plus contre l'extrême inégalité économique.

Droit de la famille à élever l'enfant. — Il faut même reconnaître que l'amour des parents pour

____

(1) Il est une autre cause de la supériorité de la famille comme organe d'éducation. Dans la famille seule l'enfant est associé à la vie réelle, avec ses soucis, ses déboires, ses joies. Dans toutes autres institutions, la vie est artificielle.

l'enfant leur confère un droit à l'élever. Comment leur enlever leur plus chère raison de vivre?

Dans quel esprit la famille doit donner l'éducation. — Mais il résulte du caractère social de la fonction d'éducation que le devoir principal des parents est de former le cœur de l'enfant à la justice et à la bonté. Elle doit former un être moral.

Trop souvent l'esprit de famille manque à ce devoir. Trop souvent les parents disent uniquement à l'enfant : Réussis, enrichis-toi ; c'est-à-dire prends-toi comme centre. Trop souvent la famille conserve et transmet la haine et l'intolérance. L'esprit de famille doit révéler l'équité et l'amour au lieu d'être un esprit d'égoïsme et d'exclusion.

Part nécessaire de l'Etat dans la fonction d'éducation. — La famille a donc des titres exceptionnels à la fonction d'éducation, mais cette fonction n'en demeure pas moins essentiellement une fonction sociale. La famille peut être indigne d'en être chargée; elle peut être partiellement incapable de la remplir. De là les droits ou plutôt les devoirs de la cité, au sens ancien du mot, c'est-à-dire de l'Etat.

Devoir de prendre à sa charge l'enfant dans certains cas d'incapacité ou d'indignité des parents; devoir de le protéger contre les mauvais traitements, la tyrannie ou l'exploitation; devoir d'imposer l'instruction et de la mettre à la portée de tous, *devoir d'exiger que l'instruction et l'éduca-*

tion soient conformes à ces principes de la raison commune sur lesquels est fondée la société dont l'enfant fait partie, dès la naissance.

Cette part qui lui revient dans la fonction d'éducation, l'Etat la reprend ou plutôt la prend progressivement, car il ne l'avait pas. De là, la difficulté de la définir dans toute son étendue. De là d'ardentes discussions politiques à travers lesquelles l'évolution nécessaire se fait.

§ IV. — L'autorité respective des époux.

A la base de la famille doit être le libre consentement des époux. Mais dans la famille une fois constituée, qui exercera l'autorité ? Sur ce point, il est nécessaire que la morale inspire non seulement la législation, mais les mœurs.

Idée vulgaire sur la prépondérance nécessaire de l'homme. — Le Code civil, quand il prononce que « la femme doit obéissance à son mari », ne fait qu'exprimer des habitudes d'esprit très répandues surtout chez les peuples latins. Napoléon, au Conseil d'Etat, pendant une délibération sur le Code, disait : « Un mari doit avoir un empire absolu sur « les actions de sa femme. » — « En général, « remarque un Anglais (1), l'homme européen a « le sentiment qu'il s'abaisse quand il parle à une « femme de choses sérieuses. Une telle idée ne « viendra jamais à un Américain. Il lui parle « comme à un homme avec une nuance de politesse en plus. »

(1) Bryce, *The American commonwealth.*

Et ce n'est pas seulement dans la famille que l'homme revendique la prépondérance, mais dans la société en général. Les lois lui assurent le monopole de certaines professions et de la vie politique.

Origine de cette idée. — La situation de la femme dans l'histoire. — Le secret de ces institutions et de ces manières de penser doit être cherché *uniquement* dans l'histoire.

La société a été surtout militaire à ses débuts. La femme, éloignée des travaux de la guerre, fut chargée des besognes les plus pénibles. Elle portait les fardeaux, cultivait la terre. Elle était la première esclave.

Plus tard, les véritables esclaves la soulageant de ces besognes, il s'opéra une nouvelle répartition des tâches, et elle fut confinée dans les soins du ménage. Lorsque Gœthe déclare que la jeune fille doit être élevée à la cuisine ou devant la table à ouvrage, c'est donc l'esprit des temps primitifs qui parle par sa bouche.

« L'émancipation » des femmes. — La force des choses dissipe les préjugés grossiers et change progressivement la situation des femmes. Elles exercent de plus en plus leur activité dans des domaines d'où elles étaient autrefois exclues et elles y réussissent. Ce qu'on appelle « l'émancipation » des femmes serait le *droit pour elles de collaborer dans les mêmes conditions que les hommes aux grandes tâches humaines.* Ce droit, la justice la plus élémentaire exige qu'il ne leur soit pas refusé.

L'autorité égale des deux époux. — De là, le principe que l'autorité dans la famille des deux époux doit être égale touchant les questions importantes. Quel prétexte pourrait se donner la loi de déclarer *a priori* l'un plus capable ou plus digne? L'homme a souvent plus d'expérience, mais la femme a plus d'amour pour les siens et cet amour la maintient constamment et patiemment appliquée à la recherche du bien commun.

On objecte que l'autorité suppose de l'unité. Mais à ce compte les Etats despotiques seraient seuls possibles et plusieurs associés ne sauraient mener une maison de commerce. La loi, en proclamant l'égalité, met les deux époux dans l'obligation de s'entendre à force de bonne volonté, de respect mutuel et de bonté.

On peut dire avec un grand philosophe français (1) que si le mariage devait amener nécessairement la subordination légale de l'un des époux à l'autre, la loi du mariage serait une loi de guerre et non une loi de paix et qu'il vaudrait mieux que la famille ne soit pas.

(1 M. Renouvier.

CHAPITRE XVII

LA NATION

Comme la famille, la nation est pour l'individu une sorte d'institution naturelle, en ce sens qu'il ne la crée ni ne la choisit. L'air, l'eau, la terre sont son milieu physique naturel. La nation est, dans une certaine mesure, son milieu social naturel.

§ I. — Origine de la vie sociale.

Quelle forme la société a-t-elle présentée à son origine, comment et pourquoi a-t-elle commencé ? Nous sommes évidemment réduits aux conjectures.

La famille, considérée comme institution juridique, est, nous l'avons vu, postérieure aux premiers groupes sociaux. Mais on a cru longtemps que la libre union de l'homme et de la femme, leurs descendants restant associés avec eux, avait été le germe de toute société.

Cette opinion est généralement abandonnée. On pense que d'abord se formèrent des agrégats sans acception de parenté, sans organisation ni stabilité, constitués en vue de l'utilité et de la défense : et ces agrégats inorganiques on les appelle les *hordes*.

Quoi qu'il en soit de cette question d'origine, d'ailleurs sans intérêt pratique, ce qu'il y a d'assuré c'est que la vie sociale fut pour l'homme *une sorte de nécessité biologique*. Elle est très générale dans l'animalité, surtout chez les herbivores et les granivores, mal armés pour la lutte. Les hommes n'auraient pu se défendre contre les autres espèces, se procurer des moyens suffisants d'existence, ils auraient disparu s'ils ne s'étaient groupés.

§ II. — La nation.

L'humanité est actuellement divisée en grandes nations. Mais qu'est-ce que la nation ? La définir par l'unité de gouvernement, c'est la confondre avec l'Etat, c'est donner de sa réalité une idée tout à fait insuffisante. Si l'autorité gouvernementale constituait l'unique lien de la nation, cette autorité serait elle-même bien fragile.

La vie sociale n'est pas limitée à la nation. — Ce qui rend la question plus difficile à résoudre, c'est que la société n'est pas limitée à la nation. La solidarité économique, intellectuelle, morale passe par-dessus les frontières ; la collaboration s'étend au genre humain presque entier.

Les deux caractères de la nation. — Il faut donc

définir la nation en la distinguant de la société en général. Or, elle s'en distingue *d'abord* par certains rapports particuliers de solidarité qui unissent les compatriotes entre eux et plus fortement encore ceux qui vivent à ceux d'autrefois ; *en second lieu* par des sentiments patriotiques, qui de toutes les volontés individuelles font une sorte de volonté commune. — Ne considérons pour le moment que le premier de ces caractères.

La nation, association de défense et de protection. — Là fut la fonction primordiale du groupe aux époques primitives, barbares et belliqueuses. Seul le groupe pouvait défendre les biens, la liberté des individus et surtout le sol où dormaient les ancêtres, la terre des pères, la *patrie*. Or, les nations étant encore disposées à l'injustice et à l'agression, cette fonction subsiste.

La nation est donc une solidarité de protection commune.

Et cette solidarité unit profondément, car elle exige le sacrifice de la vie. *La patrie est le groupement de ceux qui se sont engagés à verser leur sang pour défendre leurs droits collectifs contre les autres groupements.*

La nation, siège de la vie politique. — Puisque la nation obéit à une même autorité publique, il s'ensuit que chacun y est solidaire de ses compatriotes pour l'établissement et la garantie de ses droits. C'est avec eux qu'il doit les débattre ; c'est à l'intérieur des nations que se lève la lutte contre les castes oppressives.

Et c'est surtout à nos compatriotes d'autrefois, aux foules anonymes révoltées et souffrantes, aux penseurs généreux des jours passés que nous devons les libertés dont nous jouissons.

Tout cet ensemble d'institutions politiques et juridiques sous lesquelles vivent les compatriotes et qu'ils accommodent comme ils peuvent à leur besoin, voilà vraiment la vieille maison où l'on habite ensemble et que chaque génération aménage avant de la léguer à la génération suivante.

Suppression des obstacles à la solidarité dans la nation. — Grâce à la communauté politique, la solidarité sous toutes ses formes devient dans la nation infiniment plus complexe qu'entre étrangers. En effet, l'entente y étant possible et ayant dans le gouvernement son organe, tous les obstacles à la solidarité tendent à se supprimer. Par exemple, au point de vue économique : suppression des douanes intérieures, ouverture de voies de communication, unification des tarifs, d'où intensité des échanges. La vie commune crée ses propres moyens.

Assimilation progressive produite par la solidarité nationale. — Il faut entendre ici ce mot d'*assimilation* dans son sens propre et étymologique : action de rendre semblable.

Certes, il y a toujours dans un peuple des différences profondes de race, de langue, de croyances, d'habitudes de penser. Mais c'est un des effets les plus considérables de la solidarité nationale que de diminuer naturellement et nécessairement ces

12*

différences : Elle brasse, en quelque sorte, les races, les mêle, les fond.

L'unité de langue lui est le plus souvent postérieure. Ne voyons-nous pas comment, en France, la langue officielle supprime peu à peu devant elle non seulement les patois locaux, mais encore de vieilles langues solidement constituées comme le breton et le basque ? — Les mêmes programmes scolaires, la même littérature et, par elle, dans une certaine mesure, les mêmes idées forment les esprits. Et il n'est donc pas impropre de parler d'un « génie national » fait de toutes ces similitudes.

§ III. — Le patriotisme.

La communauté d'intérêts et la communauté d'institutions ne sont pas, avons-nous dit, les seules forces de cohésion de la nation. La patrie est, avant tout, une réalité psychologique. Elle est dans l'amour de la patrie commun à tous.

Le patriotisme survit parfois à la nation et tend à la reconstituer. — De 1815 à 1850, toutes les guerres nous donnent l'exemple de cette force vitale du patriotisme. Elles tendent uniquement à restaurer l'autonomie perdue de la nation : la Pologne contre la Russie, la Grèce contre l'empire ottoman, l'Italie contre l'Autriche.

Le patriotisme est le résultat des conditions sociales d'existence et est relatif à ces conditions. — Le patriotisme, comme tous les sentiments sociaux, surgit de l'association ; il est le résultat de la vie sociale, de la communauté d'intérêts, de la communication incessante. La vie commune finit par transformer l'individu au point qu'il tend au bien du groupe comme à son bien individuel.

L'âme individuelle *devient l'âme du groupe*. Mais essayons de donner une précision psychologique à cette expression. Chacun de nous s'aime lui-même, et cet amour se traduit par mille sentiments divers. C'est de l'orgueil à nous sentir supérieurs aux autres, de l'humiliation à nous trouver inférieurs, de la colère ou même de la haine contre ceux qui nous blessent ou nous menacent, des regrets ou des remords en pensant à nos fautes, à nos défaillances passées. Mais voici qu'une merveilleuse transposition nous fait éprouver ces mêmes sentiments s'il arrive quelque événement non plus à nous, mais à notre nation. Pouvons-nous lire le lamentable récit de nos défaites de 1870, des souffrances et de l'héroïsme de nos armées, des fautes accumulées des gouvernants, sans qu'une tristesse poignante nous étreigne la gorge et nous fasse tomber le livre des mains? Comment se souvenir sans humiliation des erreurs de notre nation, des injustices sanglantes dont elle s'est rendue coupable, de la révocation de l'Edit de Nantes, du supplice de Lavoisier, de celui d'André Chénier? Et quelle joie de revivre en esprit ces années de la Révolution où la France enseignait au monde le droit et la justice et se levait pour défendre la liberté! Un patriote est cruellement malheureux d'une défaite de sa patrie, alors même que cette défaite sert son intérêt particulier, en l'enrichissant par exemple.

Condensons maintenant tous ces faits : *nous éprouvons à l'occasion des événements de la vie nationale les mêmes sentiments que nous éprouvons à l'occasion d'événements analogues de la vie individuelle.* Notre âme ressent la vie nationale et tend à son bien. Dire qu'il y a une âme commune de la patrie, se réalisant dans les âmes individuelles, ce n'est donc pas parler par image, mais exprimer exactement une réalité psychologique.

Puisqu'il est issu de la vie sociale, le patriotisme suppose donc la formation préalable de la nation. Il ne pouvait y avoir de patriotisme français quand la féodalité morcelait le pays en petites nations indépendantes. Il est apparu quand la guerre de Cent ans a ramassé la nation contre l'Anglais et quand l'autorité royale lui a donné son unité. Il s'est surtout déve'oppé quand la Révolution a opéré une unité administrative et morale plus étroite.

Par conséquent, encore, son extension varie avec l'extension de la nation. Il ne saurait plus y avoir de véritable patriotisme béarnais ou breton; ce serait le sentiment d'un fou.

Les deux éléments du patriotisme. — Il ne varie pas seulement en extension, mais aussi en *qualité*, corrélativement à l'organisation des rapports sociaux. On peut distinguer deux éléments du patriotisme qui sont relatifs à deux fonctions de la vie nationale.

A) *Le patriotisme, instinct de conservation.* — La nation étant une association de défense commune, des tendances se sont formées dans les âmes individuelles, tendances qui constituent un *instinct de conservation nationale*. Cet instinct est le premier élément du patriotisme. Il est tourné vers les autres nations, visant à l'attaque et à la défense. Comme l'instinct de conservation individuelle, il est la source de sentiments de peur, de colère, de haine, d'envie.

Il a évolué et évoluera avec les conditions d'existence. Il a dû être une grande force de l'âme, irrésistible, aveugle, dominant toutes les autres tendances quand la défense était la grande affaire de la nation et que l'individu menait une vie précaire, sans cesse menacé dans ses biens et dans sa liberté. Il régresse à mesure que l'état de paix et de sécurité gagne sur l'état de guerre. (V. p. 290.) Il disparaîtrait et s'éteindrait peu à peu si un régime juridique international s'établissait solidement et définitivement, analogue au régime juridique intranational.

Il fut utile et nécessaire relativement à l'état de guerre primitif. Il reste utile et nécessaire tant que la fonction de défense demeure une fonction nécessaire. (V. p. 280.) Il est nuisible et condamnable s'il fait obstacle aux progrès d'une organisation juridique de la paix, s'il réagit en quelque sorte sur les conditions qui lui ont donné naissance pour les maintenir et les empêcher de se transformer, comme l'instinct de conservation individuelle est nuisible et condamnable quand il s'oppose à la justice et à la collaboration pacifique. La qualité et l'intensité de nos tendances devraient varier exactement avec leur utilité et leur légitimité morale. Mais, nous l'avons vu, l'action de la raison sur notre nature est faible et lente.

B) *Le patriotisme, sympathie particulière entre compatriotes.* — La nation est aussi une vie sociale intérieure, une solidarité étroite, surtout une *assimilation* progressive. De là un patriotisme tourné vers le dedans. « La patrie, dit Michelet, est « une grande amitié. » Nous avons une sympathie et une amitié particulières pour nos compatriotes, parce qu'ils nous sont plus semblables. Ils nous sont *psychologiquement parents.* Nous sympathisons plus vivement et plus complétement avec eux, car nous les comprenons mieux. Si nous observons le sentiment impérieux qui arrache Jeanne d'Arc à son coin de Lorraine, nous le trouvons fait d'une immense pitié pour les siens bien plus que de colère contre l'étranger. Elle savait les misères de la guerre et son cœur absorbait toute la douleur du royaume. Elle ne pouvait « voir couler le sang français ».

Nous n'avons pas seulement sympathie et pitié entre compatriotes parce que nous sommes plus solidaires et plus semblables, mais encore, par-dessus les individus, nous aimons les *similitudes* mêmes qui existent entre nous. Nous aimons le génie de notre nation, les mœurs, les manières de penser, de sentir, de parler, les habitudes, les modes communes.

Ces sentiments sont sujets aussi à une évolution, mais tout autre que celle de l'instinct de conservation sociale. Ils ne peuvent que devenir plus intenses avec le progrès fatal de l'assimilation. Et si la solidarité se fait plus étroite entre les nations, si elle s'organise juridiquement, comme il en résultera une assimilation croissante entre peuples différents et une diminution des différences, loin de disparaître, ils gagneront en extension.

Or, leur valeur morale et sociale est indépendante des circonstances et en quelque sorte absolue. La sympathie et la compréhension mutuelle, *la parenté psychologique*, sont un bien par soi-même et la condition de l'union.

C) *Le vrai patriote.* — De ces deux éléments de patriotisme, dont les destinées seront certainement différentes, le premier seul cependant existe dans certaines âmes.

Il y a, en effet, un patriotisme sincère qui aime la patrie sans aimer les compatriotes. Contradiction apparente seulement. Voici un homme courageux et fort, prêt à mourir pour sa patrie, il a l'orgueil de son honneur ; il la veut respectée et puissante ; il l'aime. Mais il ne souffre pas réellement de voir la misère matérielle, l'ignorance, la déchéance physique de certains de ses compatriotes. L'heure venue, il prendra les armes avec eux, mais il ne donnerait pas un sou pour les arracher à l'alcoolisme ou au chômage. Il n'a pas le sentiment profond de ses devoirs à leur égard. Il aime sa patrie? Oui, certes. Mais il l'aime d'une façon incomplète. Il ne l'aime que dans ses rapports avec les nations étrangères.

Il n'a que l'instinct de conservation nationale. Cependant le patriotisme parfaitement conforme à ce qu'il peut et doit être, est tourné vers la vie intérieure de la nation ; il reconnaît des parents en tous les compatriotes.

Si la vie nationale est productrice de sympathie, elle est aussi, par d'autre côté, productrice de malveillance. Elle crée, en effet, des apparitions d'intérêts, de croyances religieuses, d'opinions politiques. C'est au sein d'une même patrie qu'une Eglise veut s'imposer aux autres Eglises, que les opprimés sentent le dur contact des oppresseurs. Voilée et silencieuse dans le courant ordinaire, l'inimitié éclate avec violence dans toutes les occasions où les différents partis se trouvent en conflit, dans une campagne électorale, une séance de parlement, une polémique de presse, une guerre civile. On sent la volonté de nuire, d'écraser, de blesser bien plus que celle de faire triompher une idée ou un droit.

Le patriotisme est fort et bon s'il triomphe de ces haines, de ce désir d'écraser. Or, il est nécessaire qu'il y ait des conflits dans la nation. Que faire pour qu'ils n'engendrent pas la haine et ne risquent pas de rompre le lien naturel ? La justice seule, sous la forme de tolérance, permet aux opinions de rivaliser sans s'opprimer, et de lutter sans soulever d'inimitiés ; la justice seule permet aux hommes de s'entendre pour régler leurs conflits d'intérêts et leur ôte le prétexte de se détester, nous arrivons donc à cette conclusion que celui qui n'aime pas la justice peut se croire patriote, mais ne l'est pas profondément et complètement.

Questions qui se posent relativement à la nation. — Nous avons surtout considéré la nation comme un *fait*, un fait social et psychologique. Il nous faut maintenant étudier : *a*) comment la nation doit être intérieurement organisée ; *b*) quels doivent être ses rapports avec les autres nations.

CHAPITRE XVIII

FONDEMENT DE L'ÉTAT

§ 1. — Définition de l'État.

Toute nation, avons-nous dit, est un Etat. Il faut entendre par là que tous ceux qui le composent sont soumis à une autorité commune, à un pouvoir plus fort que chacun d'eux en particulier et qui les *contraint* à accomplir certaines actions, à s'abstenir de certaines autres. Est-ce que les tribunaux et de formidables forces de police ne nous contraignent pas à payer nos dettes, à faire notre service militaire, à ne pas prêter notre argent à un taux usuraire? Ces *contraintes* sont des lois.

Le maire d'une commune impose des « arrêtés » à ses administrés. Mais cette autorité lui vient d'une autorité supérieure, s'étendant plus loin, qui la lui reconnaît, lui assure les moyens de l'exercer et aussi la limite. Une autorité particulière n'est pas l'Etat, dès qu'elle n'est qu'un *fragment* et une *délégation* d'une autorité au-dessus d'elle.

Pour donner de l'Etat la définition la plus élémentaire, mais aussi la plus générale possible, nous dirons donc qu'il est une *autorité sociale au-dessus de laquelle il n'y en a point d'autre.*

§ II. — Le fondement de l'Etat.

Au sujet de l'Etat, on peut se poser deux questions qu'il importe de séparer.

Question historique de l'origine de l'Etat. — On peut se demander comment, *en fait*, il s'est constitué dans les diverses sociétés. Cette question est du ressort exclusif de l'histoire. Cependant la morale qui doit chercher, comme nous l'avons dit, dans l'histoire de l'évolution les moyens de diriger cette évolution, **retiendra** que l'Etat a pour origine, dans une faible mesure, la volonté collective de la justice (V. Développement de l'idée du droit, p. 148.) et dans une très large mesure la force. Il exprime la situation respective des forces en présence. Des conquérants étrangers, par exemple, ou ceux qui, dans la nation, détiennent la fonction militaire, ou encore ceux qui triomphent dans une révolution prennent le pouvoir et imposent des lois favorables à leurs privilèges dans les limites où les forces adverses le leur permettent. C'est ainsi qu'une partie du droit public et privé qui a **régné** jusqu'au xixe siècle en Angleterre pouvait être rattachée à la conquête normande.

La question morale du fondement de l'Etat. — La raison doit mener les volontés et présider aux institutions. D'où cette question profondément distincte de la précédente : Pourquoi l'Etat? Pour quelle raison les volontés doivent-elles le constituer et lui obéir? Et cette question revient évidemment à celle-ci : Quelle est la fin qu'il ne réalise peut-être pas en fait, mais qu'il peut et doit réaliser?

Aussi bien les lois sont des *contraintes*. A ce titre, elles limitent notre liberté. Elles la suivent rigoureusement dans ses moindres démarches, la tiennent en lisière et la restreignent. Ecoliers, soldats, fonctionnaires, commerçants, citoyens, à tous les instants du jour nous sommes soumis au contrôle de l'autorité publique. Et l'imagination demeure comme écrasée quand elle envisage sous quel amoncellement de lois vit l'homme civilisé. Aussi des doctrines se sont-elles produites, proclamant, parfois avec violence, que l'Etat est un mal et qu'il faut le supprimer, parce qu'il opprime nécessairement la liberté de l'individu. Ce sont les doctrines *anarchistes* (1) : elles demandent que *la société, avec toutes ses fonctions, soit instituée par de libres contrats entre particuliers, contrats qu'aucune autorité sociale ne sanctionnerait.*

L'Etat est-il un mal? Est-il un bien?

Fondement de l'Etat : l'Etat est nécessaire à l'organisation de la solidarité, conformément aux droits des libertés individuelles. — Certes, la liberté est pour l'individu un grand bien. Disons mieux, si on entend par liberté, comme nous l'avons fait, le pouvoir pour l'individu de satisfaire ses besoins, elle est, par définition, tout son bien.

Seulement, il faut toujours se rappeler que

____

(1) *Anarchie*, d'un mot grec qui veut dire : absence d'autorité.

l'individu n'est pas seul et que la solidarité est la
condition de sa liberté. Il ne réalise ses fins qu'autant que les autres ne l'en empêchent pas et collaborent avec lui. Or, *comment les obliger à ne pas
l'opprimer et à collaborer avec lui dans la mesure
de ses droits, sinon par l'intervention d'un pouvoir
supérieur de contrainte?*

Imaginons une société *anarchique*, sans contrainte sociale. Si les hommes se lient par contrat,
nulle puissance pour les obliger à respecter ces
contrats et pour interdire les contrats injustes;
mais, dans ces conditions, les hommes consenti-
raient-ils même à contracter? — Si nulle association libre ne se charge de fonctions essentielles
comme celle d'instruction ou d'assistance, nulle
puissance supérieure ne s'en charge et n'en crée,
d'office, l'organe. Bref, l'anarchie serait la désor-
ganisation de toutes les fonctions, la dissolution
de toutes coopérations, et, en fin de compte, le
règne de la force.

L'intérêt de l'Etat et l'intérêt des particuliers. —
C'est une manière de voir très répandue que celle
qui considère l'Etat comme ayant des fins distinctes
des fins des particuliers et même en opposition
avec elles. Et c'est un fait trop fréquent dans
l'histoire que celui de gouvernants invoquant
l'intérêt supérieur de l'Etat ou, comme ils disent,
« la raison d'Etat » pour *justifier des injustices!*

Cette manière de voir, ce fait, ne sont possibles
que parce que l'Etat est trop souvent fondé sur la
force et non sur la justice; il existe au profit de
quelques-uns et l' « intérêt supérieur » invoqué

n'est que l'intérêt de ceux-là. Mais il est, au contraire, de l'essence même de l'Etat, conforme à ce qu'il doit être, que son intérêt soit seulement la somme ou, plus exactement, la conciliation des intérêts particuliers.

§ III. — Devoirs envers l'Etat.

De ce qui précède, il résulte que l'Etat est non seulement de l'intérêt, mais du devoir moral de l'individu.

1° Devoir de vouloir que l'Etat soit. — L'individu ne peut se détacher de toute solidarité avec ses semblables; il ne peut vivre seul. De là un devoir *logiquement antérieur* à l'existence de l'Etat : le devoir de vouloir que l'Etat existe pour que la solidarité inévitable soit organisée conformément aux droits de tous.

2° Devoir de légalité. — La religion de la légalité... C'est bien de religion qu'il faut parler, en effet, si l'on veut exprimer que le respect des lois doit dominer les hommes et les unir dans un même sentiment. L'illégalité, quelle qu'elle soit, est l'acceptation du règne de l'injustice et de l'arbitraire. Si elle se généralise par imitation, il n'y a pas de cause plus active de décadence morale et matérielle pour un peuple.

La question du droit de révolution. — Les lois peuvent être en opposition criante avec la justice, instruments d'oppression abominable, par exem-

ple, d'une classe au profit d'une autre. Nous est-il
permis pour cela de leur faire échec, de nous
révolter contre elles? Si chacun de nous se met
au-dessus de la loi, c'est l'anarchie, l'abolition de
l'état juridique. Appelons révolution la révolte
contre la loi (1). La révolution partielle de l'individu ou celle d'une foule est-elle un droit dans le
cas d'iniquité légale?

La réponse dépend des circonstances. Qui donc
donnerait tort aux victimes de l'Inquisition si
elles s'étaient révoltées furieusement? Que de révolutions salutaires dans l'histoire ! Si des hommes, pour briser l'injustice légale, n'ont d'autre
moyen que la résistance et la révolte ; si le séjour
dans une telle société est, pour un grand nombre,
plus cruel que l'anarchie, le devoir de légalité
n'est-il pas une dérision ?

Mais dès que des moyens sont donnés à tous de
changer le droit établi, si tous ont quelque liberté
politique, s'ils peuvent écrire, parler, remuer
l'opinion, comment la révolution ne serait-elle
pas condamnable? Elle abolit l'état juridique. Or,
l'état juridique est la condition nécessaire de la
justice, et, en tout cas, la condition suffisante de
l'ordre et de la vie sociale. « Il faut, disait Socrate
« à ses disciples qui le pressaient de fuir sa pri-
« son, il faut obéir aux lois même dans leur co-
« lère, les ramener par la persuasion ou souffrir
« sans murmurer ce qu'elles nous ordonnent de
« souffrir. »

____

(1) Remarquons, en passant, que la Révolution française re mérite pas son nom. C'est très légalement qu'elle abolit la royauté et
réforma le droit.

3° **Devoir de contribuer à conformer l'Etat à ce qu'il doit être.** — Comment l'organisation de la justice sociale ne serait-elle une œuvre essentielle pour l'honnête homme dans la mesure où il dispose des moyens de l'accomplir? La vie politique n'est pas toute la vie morale, mais elle en est assurément une part considérable.

COMPLÉMENT IV

La théorie du contrat social.

Les idées que nous avons exposées sur le fondement de l'Etat ont trouvé une expression originale bien qu'incomplète dans la célèbre théorie du contrat social.

Historique. — Cette théorie a eu un grand rôle historique; elle a été le véhicule des revendications démocratiques. Elle est apparue au moment de la Réforme et de la Renaissance, dès que l'esprit humain s'est mis à réfléchir librement sur le fondement des obligations sociales. Elle s'oppose à l'idée théologique du droit divin. Très discutée quand la révolution d'Angleterre met en question la forme du gouvernement (polémique de Bossuet et de Jurieu), exposée avec éclat par Rousseau, tous les partis, durant la Révolution française, s'en réclament.

Exposé. — Elle soutient, non que l'Etat ait été, en fait, institué par délibération et contrat, mais qu'il repose moralement sur *l'idée d'un contrat*.

Il est fondé sur cette idée que *tous sont engagés envers tous à faire abandon de leurs puissances individuelles pour que la puissance collective garantisse leurs droits.*

De l'idée de ce contrat résultent simultanément le devoir de l'individu d'obéir à l'Etat et le devoir de l'Etat de réaliser les droits individuels.

Critique. — D'après ce que nous avons exposé, elle est incomplète sur un point. L'individu n'a pas seulement un devoir d'obéir à l'Etat résultant de l'idée du contrat. Il a un devoir logiquement antérieur à cette idée : le devoir de contracter et de constituer l'Etat.

CHAPITRE XIX

FONCTIONS DE L'ÉTAT

Le problème du mode d'action de l'Etat. — Organiser la solidarité sociale conformément aux droits des libertés individuelles, telle est donc la fonction essentielle et, en quelque sorte, la mission de l'Etat.

Mais sous quelle forme cette action organisatrice doit-elle s'exercer? Suffit-il de dire que la puissance publique doit établir des lois et les appliquer? Ce ne serait là qu'une réponse vide, car la question est de savoir ce qu'il faut que ces lois prescrivent et quel doit être leur contenu.

L'action de l'Etat ne cesse pas de devenir de plus en plus considérable et de plus en plus complexe. Chacune de ses applications nouvelles soulève les problèmes les plus délicats et souvent excite des débats passionnés. Surtout, elle présente et *ne peut pas ne pas présenter des formes très différentes*. Pour plus de clarté et par une abstraction un peu artificielle, nous distinguerons trois formes principales de cette action possible. Chacune a ses théoriciens et ses

partis politiques qui la voudraient non exclusive,
mais prépondérante. Nous allons étudier ces
théories, mais en prenant bien garde qu'elles
sont des théories vivantes qui parlent et légifè-
rent dans les parlements.

§ I. — Doctrine individualiste de l'État.

Ses principaux représentants : Benjamin Constant, de grands économistes comme Bastiat et
Jean-Baptiste Say, un grand philosophe, Spencer.
Elle porte généralement, dans la classification des
théories sociales, le nom de *doctrine libérale*.

Elle pose, en effet, en principe la liberté absolue des contrats entre particuliers. Liberté absolue à ceux-ci de se lier, comme il leur convient,
par toutes sortes d'engagements : contrats de mariage, contrats de vente, de louage, de crédit,
contrats de salaire, contrats de société (sociétés
par actions, mutualités, coopératives, syndicats
patronaux ou ouvriers, etc.).

Dans la pensée de la doctrine libérale, cette
liberté des contrats a deux résultats décisifs.
D'une part, elle assure la liberté de l'individu,
puisqu'il ne fait que ce qu'il veut. *D'autre part*, en
vertu d'une harmonie (1) entre l'intérêt particulier et l'intérêt général qui est dans la nature
même du fait social, elle assure l'accomplissement
de toutes les fonctions utiles à la société. Si, par
exemple, la société a besoin de certains objets,
l'intérêt personnel déterminera des particuliers ou

---

(1) Le principal ouvrage de Bastiat porte le titre significatif
d'*Harmonies économiques*.

des associations de particuliers à produire ces objets, d'autres particuliers à servir d'intermédiaires entre les producteurs et les consommateurs ; bien plus, la libre concurrence obligera ces producteurs et ces commerçants à livrer les objets au meilleur compte.

La maxime dont la doctrine libérale aime à faire sa devise est celle-ci : « *Laisser faire, laisser passer.* »

Cependant elle maintient un rôle nécessaire de l'Etat, par où elle se distingue de l'anarchisme, mais un rôle aussi réduit que possible.

L'Etat doit se limiter aux deux actions suivantes : d'une part, contraindre les particuliers à exécuter leurs engagements, le marchand, par exemple, à livrer la marchandise promise et l'acheteur à payer le prix convenu ; d'autre part, empêcher que la violence ne vicie les contrats.

Critique de la doctrine libérale. — On peut dire que ce sont les faits eux-mêmes qui ont d'abord donné tort à cette doctrine, strictement appliquée. Il s'est trouvé, en effet, qu'elle « laissait passer » des faits manifestement contraires à la justice et à l'intérêt social et, pour y remédier, il a fallu prendre des mesures en opposition avec son principe. Il a fallu, par exemple, protéger les enfants, dont l'industrie naissante faisait une consommation meurtrière, les obligeant à travailler avant dix ans jusqu'à seize heures par jour.

C'est donc qu'il y a dans le principe libéral une erreur secrète. Cette erreur, nous l'avons déjà formulée (p. 156) : la violence n'est pas la seule forme de contrainte et le seul moyen d'exploitation des uns par les autres. Les contrats, même exempts de violence, ne sont pas libres si les deux parties ne sont pas dans des situations extérieures égales, si l'une est contrainte de s'engager à donner plus qu'elle ne reçoit sous peine de mourir.

Or, nous l'avons vu, les individus ne sont pas dans des situations économiques égales et cette inégalité, ils n'en sont pas généralement responsables. Elle a pour cause principale l'institution de la propriété héréditaire des moyens de production et d'échange, qui confère à certains une situation privilégiée à l'égard de l'échange et par conséquent du contrat (p. 163).

La doctrine libérale maintient cette institution juridique et se refuse à en limiter législativement les effets. Donc elle « laisse passer » des faits tels que l'inégalité oppressive et injuste, le travail excessif même des femmes et des enfants, le chômage et la misère, tels qu'une organisation de la production dirigée vers la satisfaction des besoins superficiels des plus fortunés et non vers la satisfaction des besoins de tous.

Cependant elle ne reste pas sans réponse devant ce grief. Elle fait valoir que la liberté peut guérir les maux que la liberté a causés. Ceux qui pâtissent de l'extrême inégalité peuvent la diminuer en s'associant librement. Ils peuvent former des associations de travailleurs pour obtenir de meilleures conditions dans le contrat de salaire.

Ils peuvent former des coopératives de consommation ou de production (1) pour supprimer le tribut prélevé par le commerçant ou le propriétaire des moyens de production.

Cette réponse a pour elle des faits considérables. Elle contient cette vérité profonde qu'il faut toujours commencer par s'aider soi-même. Mais les causes de l'inégalité injuste sont trop fortes pour que la libre formation de groupements en triomphe sans l'intervention de la loi. Et surtout ces groupements risquent d'être en état de guerre économique et de devenir oppressifs les uns à l'égard des autres.

Une coopérative de production peut, par

(1) Les coopératives prennent une place de plus en plus considérable dans l'organisation sociale actuelle. On en distingue deux sortes :

Coopératives de consommation. — Des consommateurs s'associent pour acheter en commun et en gros, épargnant ainsi le bénéfice prélevé par le commerce de détail.

Coopératives de production. — Des travailleurs associés se rendent propriétaires des instruments de production et gardent ainsi le produit intégral de leur travail.

On aperçoit les avantages incomparables des coopératives. — *a)* Elles émancipent leurs membres à l'égard de certains privilèges et suppriment entre eux toute exploitation de l'un par l'autre. — *b)* Elles réalisent des conditions telles que chacun ne peut s'aider qu'en aidant les autres et ne laisse subsister aucune cause fondamentale d'antagonisme.

On a pu écrire que l'image de la République sociale à venir « serait celle d'une immense coopérative de consommation, qui en « même temps serait une coopérative de production, où tous les « ateliers travailleraient pour la consommation de ses membres ». (Karl Kautsky.)

Mais nos coopératives actuelles peuvent-elles, en se développant et en se fédérant et par le seul jeu des libres contrats, arriver à constituer cette cité de justice, c'est ce que la plupart des théoriciens et la plupart des coopérateurs contestent eux-mêmes au nom du raisonnement et de l'expérience.

exemple, opprimer ceux qui restent en dehors d'elle, les travailleurs qu'elle engage comme salariés, les clients auxquels elle vend. Il est donc nécessaire que la société organisée, c'est-à-dire l'Etat, qui englobe tous les groupes particuliers, insère dans leurs rapports son pouvoir régulateur.

§ II. — Doctrine de l'intervention de l'Etat dans le contenu des contrats.

Nous arrivons donc à une doctrine qui a pour elle la force des choses aussi bien que la logique de la théorie. La loi, proclame-t-elle, doit intervenir non seulement pour faire exécuter les contrats, mais encore pour *déterminer*, dans une certaine mesure, *leurs clauses*. Déjà elle pénètre dans le contrat de crédit pour limiter le taux de l'intérêt ; dans le contrat de salaire, pour limiter le nombre d'heures de travail en ce qui concerne certaines catégories de travailleurs ; dans les contrats de vente et de location, pour interdire la vente de certaines matières dangereuses et la location d'immeubles malsains.

Application extrême de cette doctrine. — Si les législations font quelques pas dans la voie de cette doctrine, des théoriciens se sont transportés, en pensée, jusqu'à l'extrémité de son principe. C'est ainsi que certains voudraient transformer le contrat de salaire par l'établissement d'un rapport juridique stable entre l'ouvrier et l'entreprise qui l'emploie. L'ouvrier ne pourrait être congédié, ni lui-même se mettre en grève, sans raisons justifiables qu'un tribunal arbitral apprécierait. Mais l'application extrême de la doctrine serait une *tarification* par la société des objets et des services échangés dans les contrats privés, comme il a lieu déjà pour les services des notaires et les avoués.

Seulement cette tarification sociale serait, le plus possible, conforme aux exigences de la justice. Actuellement, nous l'avons vu, les valeurs ou prix des choses échangées dépendent de la situation des parties (1), si bien que l'échange est favorable aux uns, défavorable aux autres. L'Etat déterminerait les valeurs de façon à atténuer l'inégalité oppressive. Dans le contrat de salaire, par exemple, non seulement il établirait un minimum de salaire comme certains projets de lois le demandent, mais il fixerait le montant même du salaire en tenant compte, entre autres choses, de la qualité et de la quantité du travail, de la valeur de ce qu'il produit, des besoins des travailleurs, etc.

Or, poussée à ce point, la doctrine de l'intervention se rapprocherait de la doctrine qu'il nous faut maintenant examiner.

---

(1) On dit généralement que les valeurs ou prix s'expliquent par la loi de l'offre et de la demande en ce sens qu'elles dépendent de la quantité des objets offerts, de l'étendue et de l'intensité des besoins de ces objets. Mais cette explication est apparente, sinon illusoire. Ceux qui ont besoin ne peuvent « demander » qu'autant qu'ils peuvent payer. Ceux qui offrent exigeraient davantage s'ils pouvaient attendre. Les valeurs dépendent donc surtout de la situation respective des uns et des autres, c'est-à-dire, en dernière analyse, de la répartition des richesses.

§ III. — Doctrine de la transformation des fonctions sociales en fonctions publiques (1).

Il nous faut éclaircir tout d'abord cette distinction si importante des fonctions sociales en *privées* et *publiques*.

Fonction privée et fonction publique. — La division du travail transforme profondément notre activité et cela de deux façons :

Elle la *spécialise*. Chacun se livre à une occupation particulière, qui est une profession ;

Mais surtout elle la rend *utile aux autres*. L'individu travaille pour vivre, mais son travail a pour fin immédiate les besoins qui se trouvent dans la société. Le forgeron fabrique des charrues, le pharmacien des remèdes, et aucun des deux, peut-être, ne se servira personnellement de ses produits. Le mot de fonction désignant *l'utilité d'une partie pour le tout*, il s'ensuit que les diverses professions sont toutes, plus ou moins, des fonctions sociales. Le forgeron, le commerçant peuvent être dits, en ce sens, des fonctionnaires, comme le professeur de l'Université ou l'ingénieur des Ponts et Chaussées.

Par quoi donc se distinguent-ils de ces fonctionnaires publics ?

La différence n'est pas dans la plus ou moins grande utilité sociale de leurs travaux. Le phar-

(1) On se sert généralement des termes plus simples de « Doctrine de la socialisation des fonctions sociales », ou encore du terme de « Collectivisme ». (Voir la note p. 235.)

macien est aussi nécessaire que l'ingénieur d'Etat et le commerçant est indispensable au même titre que l'économe d'un lycée, chargé de rechercher les produits pour les mettre à la disposition de ceux qui les consomment. La société est également obligée de les payer, puisqu'elle ne peut s'en passer.

Ce qui les distingue, c'est essentiellement que le fonctionnaire privé est le *gérant autonome* de son entreprise. Il la mène à sa guise, au mieux de son intérêt personnel. Son traitement, au lieu d'être fixé par l'autorité publique, se détermine par de libres contrats d'échanges. Au contraire, la société intervient dans la gestion du fonctionnaire public et la réglemente au mieux de l'intérêt général.

Nombre croissant des fonctions publiques. — Les fonctions que nous sommes le plus accoutumés à considérer comme du ressort de l'Etat ont été, en de certains temps, laissées à l'initiative privée. Même la *guerre*, même le *recouvrement de l'impôt* furent des entreprises particulières, et même la *justice*, puisque les magistrats la « vendaient », après avoir acheté leurs charges.

Cependant, sous la pression de l'intérêt public, la socialisation d'un nombre croissant de fonctions sociales s'est opéré et s'opère dans tous les pays civilisés : la défense nationale et la justice, qui manifestement sont des prérogatives de l'autorité centrale ; l'instruction, l'assistance aux malades indigents, aux enfants abandonnés, les ponts et chaussées, les postes, parfois les transports ou même l'éclairage des villes, l'adduction et la distribution de l'eau.

La fonction socialisée est administrée soit par l'autorité publique centrale, soit par des autorités subordonnées, telles que les départements ou les communes. Tantôt l'autorité publique se réserve le monopole de la fonction ; tantôt elle laisse l'initiative privée l'exercer simultanément (*Ex. :* l'instruction publique) ; tantôt elle mêle sa gestion à celle de compagnies particulières, qu'elle subventionne, par exemple, et qu'elle soumet à des règlements (chemins de fer français).

Socialisation des fonctions économiques. — Doctrines collectivistes (1). — Quels que soient les progrès accomplis dans ce sens, il n'en reste pas moins que presque toutes les fonctions économiques (production et commerce) sont du domaine des contrats privés. Les propriétaires des moyens de production et d'échange sont les *gérants autonomes de l'immense travail nécessaire à l'entretien de la société*. La gestion autonome est la conséquence de la propriété. Nous avons dit les inconvénients de ce régime.

Le principe commun des doctrines collecti-

(1) Le nom de collectivisme convient particulièrement à cette idée que la collectivité doit s'approprier les instruments de production et gérer le travail économique. Cette idée est née de l'analyse des faits économiques que contiennent les œuvres de Sismondi, de Saint-Simon, de Constantin Pecqueur, de Proudhon, de Karl Marx, pour ne citer que quelques-uns des principaux.

Mais il y a, de fait, plusieurs théories collectivistes, différant : *a)* sur les moyens à employer et la tactique à suivre ; *b)* sur le choix et le nombre des fonctions à socialiser ; *c)* sur la façon d'organiser ces fonctions.

vistes est de *transformer cette gestion en transformant cette propriété.*

Les instruments de production appartiennent à des individus ou, de plus en plus, à des groupes d'individus, mais il est un grand nombre d'hommes qui ne participent pas à cette propriété. Le collectivisme veut qu'elle s'étende à tous. La société sera propriétaire des moyens de production.

Elle gérera alors les fonctions de production et d'échange ou, au moins, le plus grand nombre d'entre elles, comme déjà certaines villes produisent et vendent le gaz d'éclairage. Elle gérera par elle-même ou déléguera cette gestion à des associations particulières, comme elle délègue la justice à des jurés.

Mais éclairée sur les besoins, par des organes d'information supérieurs à ceux que possède actuellement l'initiative privée, elle organiserait la production en vue de la satisfaction des besoins de tous. D'autre part, par une exacte tarification des travaux et des produits, elle assurerait une distribution des richesses conforme aux principes de la justice (p. 167). Elle serait la cité nouvelle où l'on ne verrait plus des classes distinctes, séparées par la différence de leurs droits économiques.

§ IV. — **Appréciation et conclusion.**

Les deux dernières doctrines s'opposent à la première par la façon dont elles entendent l'action nécessaire de l'Etat.

I. Quelle est la plus forte objection qu'elles rencontrent ? C'est qu'il est impossible que l'organisation s'étende au détail infini des rapports sociaux. Comment, par exemple, l'autorité sociale pourrait-elle, à chaque instant, régler les conditions des différents marchés, fixer les prix des objets et des services, ajuster les diverses fonctions les unes aux autres ?

II. Cette objection paraît, de fait, insurmontable partiellement. Toujours, probablement, une partie de la besogne sociale sera abandonnée aux contrats privés. Mais de là il faut conclure, non que ces doctrines sont des utopies, mais seulement que l'application intégrale de leurs principes est une sorte de *limite* dont la société peut approcher indéfiniment sans la joindre jamais. Et d'ailleurs n'avons-nous pas constaté que, poussée par la force même des choses, et pour ainsi dire instinctivement, la société marche déjà dans la direction fixée par ces principes ?

III. En réalité, les trois doctrines ne s'excluent pas, puisqu'elles ne peuvent s'appliquer complètement. Et alors, *dans la pratique*, il convient d'emprunter à toutes les trois les moyens qu'elles offrent d'établir la justice : *a*. Avec la première il faut reconnaître la puissance d'émancipation qu'il y a dans des associations formées par libre contrat, telles que les coopératives, les mutualités, les syndicats. — *b*. De la seconde, il faut retenir que la société doit intervenir dans les clauses mêmes des contrats privés de ses membres pour diminuer le poids de l'inégalité oppressive. — *c*. Enfin la troisième nous révèle que pour atteindre dans son principe cette inégalité avec tous les désordres qu'elle produit dans la vie sociale, la société doit administrer elle-même un nombre croissant des fonctions dont elle a besoin.

Nul moyen n'est à laisser de côté, nulle réforme n'est de trop dès qu'il s'agit pour la société de réaliser la plus grande liberté possible de ses membres, conformément à la justice.

CHAPITRE XX

LA FONCTION DE RÉPRESSION

Il n'y a pas de question qui soit plus au cœur du problème de notre vie morale que celle-ci : Comment la société doit-elle se comporter à l'égard des criminels (1)?

Cette question qui se pose pour la société est analogue à celle qui se pose pour l'individu, si même elle ne s'y ramène : Etant donné qu'il y a dans l'individu un instinct de conservation qui le pousse à se défendre et se manifeste par la colère et le désir de vengeance, comment la raison doit-elle transformer cet instinct? Peut-être n'est-il pas de meilleur moyen d'apprécier la valeur morale d'une société et d'un individu que de savoir comment l'un et l'autre résolvent ces questions.

§ 1. — Origine de la répression pénale.

La répression pénale a précédé les théories sur

(1) Le Code distingue les crimes des délits, d'après la gravité de la faute. Nous laisserons de côté cette distinction et nous appellerons aussi bien criminels que délinquants tous ceux qui commettent un acte puni par les lois pénales.

son but et son fondement et elle est encore jusqu'à un certain point indépendante de ces théories. Elle a sa source dans une sorte d'instinct de conservation de la société, semblable à l'instinct de conservation individuel. Plus exactement les individus qui composent la société réagissent contre ce qui la menace, comme ils réagissent contre ce qui les menace eux-mêmes.

Comme tous les instincts, cette réaction fut d'abord irréfléchie, sorte de *vengeance* aveugle. La société « ne cherche ni à frapper juste, ni à « frapper utilement, mais à frapper (1) ». Elle châtie solennellement des animaux coupables d'actes répréhensibles, et même des instruments du crime, le couteau du meurtrier, par exemple, de même que l'enfant bat la porte qui lui a fait mal.

Pour épuiser son désir de vengeance, elle l'étend à des innocents, à la femme, aux enfants du criminel. Elle punit tous les actes qu'elle estime un danger pour son existence, les crimes contre les particuliers parce qu'ils sont une menace pour tous, mais *surtout les crimes contre l'État et contre la religion.*

§ II. — **Théorie de l'expiation.**

La société punit instinctivement. Mais il faut que la réflexion s'empare de cet instinct pour le diriger ou le transformer, qu'elle détermine sa fin, ses moyens, ses droits. Deux théories ont été élaborées qui ont des principes et des consé-

____

(1) Durckheim, *Division du travail social.*

quences contraires, des origines intellectuelles
différentes et cependant qui coexistent encore
dans la conscience collective. Pour l'une, la fonction de la peine est de faire *expier* la faute ; il
faut punir parce qu'il a été péché, *quia precca-
tum*. Pour la seconde, la fonction de la peine est
de prévenir le crime ; il faut punir *ne peccatur*.

La théorie de l'expiation, qui remonte à l'humanité primitive, est aussi celle de grands philosophes, de Kant par exemple.

Si l'on dégage son principe, on voit qu'elle pose
comme une vérité s'imposant à la raison, comme
un « impératif catégorique », que toute faute
morale doit être expiée. Kant va même jusqu'à
dire que des hommes, obligés de quitter une ville
menacée d'un cataclysme, auraient le devoir de
se rendre auparavant dans les prisons et d'exécuter les sentences pénales.

Il s'ensuit que la peine doit être proportionnée
au degré de responsabilité *morale* du délinquant ;
elle doit le frapper d'autant plus durement qu'il
est intérieurement plus libre, et l'épargner, au
contraire, dans la mesure où des instincts mauvais atténuent son péché.

Critique. — Si cette théorie blesse de plus en
plus vivement la conscience, c'est que la proposition fondamentale d'où elle part apparaît non
comme un principe vrai, mais comme une erreur
morale.

La moralité a sa valeur par elle-même ; elle est
un bien désirable *absolument* et là est le fondement de la loi morale. Mais le péché est de son

côté, par conséquent, un mal absolu ; il porte en **lui-même** sa punition. Si le pécheur ne lésait pas dans ses **actes** les droits d'autrui, si sa volonté n'était pas *antisociale* en même temps qu'*antimorale*, il y aurait seulement à le plaindre de ne pas vivre la vie intérieure qui vaut **le plus** d'être vécue, mais non à le punir.

Origine psychologique de cette théorie. — Elle vient non de la raison, mais de notre désir irraisonné de vengeance. Seulement, elle en vient par un détour.

Les hommes ont transporté ce désir qu'ils éprouvent dans l'âme des dieux, qui sont la source de toutes les obligations. Ils ont conçu que les volontés souveraines étaient offensées par les crimes et désiraient une réparation. « Ce sont les « dieux qui réclament l'expiation ; on la leur « donne (1). »

Conception superstitieuse et qui a conduit à légitimer les pénalités les plus cruelles.

§ III. — Théorie de la défense sociale. — Son principe et ses limites.

La répression sociale, l'histoire l'établit, a évolué à un double point de vue : elle s'est peu à peu détournée des actes contraires aux rites religieux, aux coutumes ancestrales pour se préoccuper de plus en plus des crimes contre les biens et les personnes ; en même temps les châtiments se sont adoucis (2).

(1) Saleilles, *L'Individualisation de la peine.*
(2) Durckheim, *Année sociologique*, 1901.

La seconde de ces transformations découle évidemment de la première et toutes deux sont solidaires d'un changement dans les théories.

L'adhésion des esprits est de plus en plus gagnée à une théorie utilitaire de la répression dont nous avons déjà indiqué la tendance. Elle conçoit la peine tout autrement que la doctrine de l'expiation :

La peine est la conséquence du crime passé, mais seulement parce qu'il est le signe d'un crime possible dans l'avenir et elle ne vise en réalité que celui-ci (1). Elle n'est pas une *fin*, mais un *moyen*. L'Etat emploie (2) ce moyen pour défendre les droits de tous.

Mais l'usage d'un moyen, si utile qu'il soit, doit être conforme au principe de la justice. Nous allons donc étudier la peine au point de vue de son utilité pour ceux qu'elle défend et au point de vue des droits de ceux qu'elle frappe.

La double utilité de la peine. — La peine infligée a deux effets utiles: *a*. Elle intimide le délin-

(1) Des criminalistes italiens ont été jusqu'à dire que, si l'on reconnaît dans un homme des dispositions certaines à la criminalité, il faut non le punir (ce qui serait absurde même au point de vue strictement utilitaire), mais le mettre dans l'impossibilité de nuire, sans attendre qu'il ait délinqué. Mais c'est l'impossibilité d'un pareil diagnostic qu'on leur a jusqu'ici victorieusement contesté.

(2) La répression est de *droit public*, ce qui veut dire deux choses :

a. L'Etat seul a le droit de punir;

b. L'Etat a le devoir de punir, même quand le particulier, victime d'un délit, refuse de se plaindre, parce que ce délit est une menace pour tous.

quant pour l'avenir. Elle agit comme un frein sur sa volonté; *b*. Elle intimide, par l'exemple, ceux qui pourraient être tentés de délinquer.

De ces deux fonctions de la peine, l'*intimidation* et l'*exemplarité*, c'est assurément la seconde qui est la plus importante (1). Les coupables, en effet, n'ont failli le plus souvent que par suite de circonstances exceptionnelles dont le concours ne se reproduira pas dans leur vie (*Ex. :* La plupart des crimes de la jalousie); il serait inutile de les frapper, s'il n'y avait à faire un exemple. Il est même une peine encore en usage, celle de la mort, qui n'a qu'une vertu d'exemplarité, puisqu'elle supprime le coupable.

Le taux de la peine. — Responsabilité pénale. — Sur quelle base établir l'échelle des peines?

On ne peut que renoncer définitivement à l'idée antique du *talion*, qui était d'infliger au coupable un dommage identique à celui qu'il a causé (2).

Dans la doctrine de la défense sociale, le taux de la peine ne saurait être déterminé rationnellement que par des considérations d'utilité.

Il faut tenir compte d'abord de l'acte et de sa gravité sociale.

(1) Landry, *La Responsabilité pénale.* On trouve dans cet ouvrage une étude très minutieuse et très logique des rapports de l'intimation avec l'exemplarité.

(2) L'origine du talion est encore obscure. Il semble qu'il soit dû à une intervention de la société pour limiter la vengeance individuelle, d'après une idée très superficielle d'égalité. A l'individu altéré de vengeance, la société n'accorde, comme satisfaction, que le talion (œil pour œil, dent pour dent). La preuve, c'est que le talion n'est appliqué qu'à l'intérieur du groupe; dès qu'il s'agit d'étrangers la vengeance est sans limite. (WESTERMARCK).

La société a plus d'intérêt à prévenir par un châtiment sévère l'assassinat que le vol et le vol avec effraction que le vol simple.

Mais il faut aussi tenir compte de l'agent. Il ne vaut la peine, en effet, de punir l'acte qu'autant qu'il est le signe de dispositions de l'agent dangereuses pour l'avenir (de là l'impunité de l'acte sans intention).

Or, puisque les dispositions des individus diffèrent, la peine doit être, comme on l'a dit, « individualisée » (1).

Mais comment déterminer la peine qui convient à chaque coupable ?

Nous touchons ici à une conséquence de la théorie utilitaire, qui choque peut-être nos habitudes mentales, mais n'en est pas moins nécessairement déduite : c'est qu'il faut séparer la responsabilité pénale de la responsabilité morale (2). La théorie exige, en effet, que l'on proportionne la peine non au démérite moral de l'agent, mais à l'utilité qui apparaît de la peine.

S'il y a en lui des penchants mauvais, innés ou acquis sous l'influence de l'exemple, de l'éducation, des conditions d'existence, il est moins libre intérieurement et, partant, moins responsable moralement, moins méprisable ; cependant l'utilité est plus grande de le punir et de le punir plus sévèrement, comme on traite plus vigoureusement une maladie plus dangereuse. En d'autres

(1) Saleilles, *L'Individualisation de la peine.*
(2) Définitions : *a*. *Responsabilité morale*, ce qui fait que l'agent a plus ou moins de mérite moral. *b*. *Responsabilité pénale*, ce qui fait que l'agent doit être puni d'une peine plus ou moins forte.

14*

termes, il faut *intimider* d'autant plus le délinquant que ses penchants antisociaux sont plus
forts. Et cette quantité d'intimidation nécessaire,
si l'on peut ainsi parler, détermine et mesure sa
responsabilité pénale.

L'idée de peine se vide donc de contenu moral ;
elle se rapproche de l'idée de remède ou d'opération chirurgicale.

L'irresponsable pénalement. — Il est une limite
au-dessous de laquelle cesse la responsabilité
pénale. Elle a, en effet, pour condition un minimum d'*intimidabilité*. Il est inutile de punir dès
que la perspective de la peine est sans action sur
le délinquant et sur ceux qui ont la même nature
psychologique que lui. Il est inutile de punir un
fou s'il est incapable de prévoir la peine qui
serait la conséquence de son acte, ou s'il est en
proie à des impulsions tout à fait irrésistibles. Ce
fou est irresponsable pénalement.

Mais cette idée d'*intimidabilité* revient, au
fond, à celle de liberté et de pouvoir, pour la
volonté, de vaincre les impulsions contraires.
La responsabilité pénale suppose un minimum
de liberté et de responsabilité morale chez le
délinquant.

La peine, en contrebalançant ses instincts criminels, vient aider en quelque sorte sa volonté
défaillante.

Mais il y a donc des irresponsables pénalement,
et ceux-là la société est obligée, cependant, de les
mettre dans l'impossibilité de nuire, comme les
pestiférés ou les lépreux, dangereux pour la santé

publique et qu'elle place dans des lazarets et des hôpitaux.

Le droit du criminel. — Justement parce qu'elle sépare la responsabilité pénale de la responsabilité morale, la théorie de la défense sociale doit la plus large pitié aux criminels, le respect le plus exact à leurs droits.

Les criminels ne sont pas, en effet, en dehors de cette société des êtres raisonnables constituée par la reconnaissance d'une vérité commune. Ce serait d'une psychologie bien superficielle que de leur attribuer un esprit « satanique » négateur de toute vérité morale. Ou bien ils se laissent aller au crime par faiblesse, mais avec regrets, ou bien ils essayent de justifier leur crime par des raisons communicables, rendant ainsi hommage à la raison, par ce regret et cette justification.

Ils gardent donc un droit à ne pas être traités comme des choses, comme les chiens qu'on jette à la fourrière ; *leur intérêt est une fraction de cet intérêt général* qui doit être l'objet de la volonté collective.

Ils sont en droit d'exiger que les peines soient adoucies (1) ou remplacées par des mesures de clémence (2), jusqu'aux limites au-dessous desquelles la défense sociale en souffrirait.

Mais ceci n'épuise pas leur droit. La peine

(1) L'expérience a prouvé qu'une police bien faite, qui laisse échapper le moins de délits possible, est plus efficace qu'une pénalité très dure. Il vaut mieux multiplier les sergents de ville que d'intensifier les peines.

(2) La loi Bérenger, qui permet de suspendre la peine, si dans le délai de cinq ans il n'y a pas eu récidive.

n'agit qu'en comprimant cruellement les tendances antisociales. Elle ne les supprime pas ; le plus souvent elle les exaspère, et les endurcit. Juger que la société peut s'en tenir à cette action négative et destructrice serait une pensée vraiment *infernale*. Que dirait-on d'un médecin qui, pour protéger les bien portants, se bornerait à tuer les malades ou à leur enlever les organes malsains ? Cette action négative de la peine traite le criminel uniquement comme un moyen. Le devoir de la société est de le prendre pour fin et de le *réformer*, pour le développement des sentiments sociaux et moraux. C'est à ce résultat que doivent tendre les institutions pénitentiaires (1).

Lutte contre les causes de la criminalité. — Mais l'âme endurcie de l'adulte est difficilement réformable.

L'action réformatrice doit donc porter sur les grandes causes qui, toujours plus fortes que la répression, inépuisablement, produisent la criminalité.

D'après un célèbre criminaliste italien (Ferri), ces causes sont surtout d'ordre social (la misère, le chômage, le vagabondage, l'alcoolisme), si bien que la responsabilité du crime remonte en partie à la société. Et il indique d'ailleurs des mesures législatives propres à diminuer l'action de ces causes.

(1) Par exemple. tout le monde est d'accord pour distinguer les criminels d'occasion des criminels d'habitude. Les premiers sont plus susceptibles de réforme que les seconds. Que penser d'un régime pénitentiaire qui ne les séparerait pas !

Un autre criminaliste du même pays (Lombroso) a signalé l'importance de causes individuelles d'ordre pathologique : dégénérescence, impulsion morbide, et peut-être instincts ataviques de paresse, d'indiscipline et de férocité venus de la barbarie primitive (certains criminels seraient, par atavisme, des sauvages d'autrefois, rebelles aux conditions actuelles d'existence). Mais il n'est pas d'impulsions morbides et d'instincts héréditaires sur lequels ne puissent agir des traitements appropriés.

Une meilleure organisation sociale, une médecine et une pédagogie plus savantes, tels doivent être dans une société plus humaine les « *substituts* » efficaces de la peine.

§ IV. — Conclusion. — L'instinct de défense et la raison.

La théorie que nous venons d'exposer et d'adopter retrouve, en réalité, la fin véritable de l'instinct social qui, primitivement, a créé la répression. Comme tous les autres instincts, celui-ci est né des conditions d'existence, et, quelque illusion qui ait pu naître à son égard, il a pour fin naturelle la défense sociale

La raison le légitime, en approuvant cette fin. Elle reconnaît que tous ont un droit à se défendre contre ce qui menace leurs droits. Elle ne peut consentir au sentiment profond exprimé par Tolstoï (1) : Tu ne dois pas résister aux méchants ;

(1) Dans son roman de *Résurrection*. De cette œuvre admirable, il faut cependant retenir certaines intuitions qui ne trompent pas :

tu ne dois pas rendre le mal pour le mal. Ce sentiment ne conduit à rien moins qu'au renversement total de l'idée du droit. Mais si la raison légitime et s'approprie l'instinct, elle le transforme. Elle condamne radicalement le désir de vengeance qui se greffe sur lui et se dissimule dans l'idée de l'expiation. Et surtout, elle remplace le châtiment brutal, comme moyen unique de répression, par une lutte savante et soucieuse de justice contre la criminalité.

la responsabilité de la société dans la criminalité, — la solidarité qui nous lie moralem·nt aux criminels, — la misère morale à peu près égale en nous et en eux, ce qui tend à faire dire : « Ne jugez pas, afin que vous ne soyez point jugé. »

CHAPITRE XXI

LA FORME DU GOUVERNEMENT

Démocratie. — Egalité politique.

Le gouvernement. — Ses pouvoirs. — Nous avons étudié ce que doit faire l'Etat et quelles sont ses fonctions. Mais il reste à considérer l'organe qui remplira ces fonctions et exercera l'autorité sociale : en d'autres termes le gouvernement.

Le gouvernement n'existe comme tel que s'il a certains pouvoirs. On distingue généralement trois pouvoirs nécessaires : *le législatif, le judiciaire, l'administratif*. Et, de fait, dans tous les pays civilisés, ne trouve-t-on pas trois grands « corps de l'Etat » : les législateurs, les juges, enfin tous les fonctionnaires qui administrent la police, les finances, l'armée, l'instruction publique, etc. ? Cependant, à regarder de plus près les fonctions de « ces corps de l'Etat », on constate que la distinction du judiciaire et de l'administratif n'est pas claire.

Entre un juge qui, sur une question de tutelle ou de dommages et intérêts, décide, dans les limites de la loi, mais d'après des considérations d'opportunité, et, d'autre part, un répartiteur d'impôt qui, toujours dans les limites de la loi, décide des sommes qu'auront à payer un particulier ou une commune, il n'y a pas de différence profonde : tous deux administrent.

Disons donc que le gouvernement est essentiellement constitué par *une autorité législative et des autorités administratives*. Parmi ces dernières, nous distinguerons : celles qui maintiennent l'ordre par la répression (justice pénale et police); celles qui administrent les diverses fonctions sociales, soit qu'elles les gèrent elles-mêmes quand il s'agit de fonctions publiques, soit qu'elles surveillent et soumettent aux lois la gestion des particuliers, s'il s'agit de fonctions laissées à l'initiative privée.

§ I. — Le problème de la souveraineté. Son importance.

Nous entendons par *souveraineté* l'autorité la plus haute de l'Etat, source de tout pouvoir gouvernemental. Mais, par cela même, qu'au-dessus de cette autorité, il n'y en a point d'autre, il serait contradictoire de chercher comment elle doit être réglementée, à quelles lois elle doit être soumise. Elle ne peut être soumise à rien.

Il faut donc uniquement se demander : Quelles mains doivent la détenir? *Qui doit être le souverain?*

C'est là le problème politique, et, comme nous l'avons déjà montré, il a toujours occupé la première place dans les préoccupations des peuples. D'instinct, les peuples ont fait des révolutions pour changer les régimes politiques.

On a contesté, il est vrai, le bien fondé de cette importance donnée à la forme du gouvernement. On l'a contestée au nom de l'expérience ; on a prétendu que souvent, dans l'histoire, des changements de régime politique n'avaient pas modifié sensiblement les conditions d'existence des individus. « Les conditions politiques, a-t-on dit, ne « touchent pas profondément à la vie interne des « peuples (1) », et le même auteur ajoute : « Les « révolutions politiques ne remuent guère que « l'écume qui flotte sur la vague mouvante de la « vie des peuples. »

Cependant, si l'on pose nettement la question : Le régime des droits privés est-il indépendant du régime politique ? La réponse ne saurait être douteuse. Les particuliers, par leur organisation privée, peuvent assurément, à la longue, accroître leur puissance, changer leur situation et limiter le pouvoir politique. Mais il n'en reste pas moins que celui-ci demeure un obstacle formidable. Une armée solide, une bonne police, une oppression bien organisée de la pensée « peuvent fonder et maintenir durant des siècles un régime de droit ».

L'instinct populaire qui, invinciblement et malgré toutes les déceptions, attache un intérêt primordial aux formes politiques n'est donc pas trompeur. Il est le sentiment vrai que là est le centre de la vie sociale.

De la nature de l'organe dépend la manière dont

(1) Anton Menger.

il remplit sa fonction. L'organe gouvernemental
est nécessairement constitué par des hommes, et
ces hommes peuvent être injustes, égoïstes ou
simplement aveuglés par le préjugé. Un voyageur
nous parle d'un roi nègre qui exige de son ministre
même, lorsque celui-ci vient l'entretenir, « qu'il
« s'étende sur le sol, plat comme une planche,
« baisant la terre et restant dans cette situation
« jusqu'à ce que l'affaire soit terminée ». Une
semblable souveraineté peut-elle remplir sa fonction d'équité et d'utilité publique?

Il s'agit de savoir *quel est le souverain qui réalise le mieux, par sa nature, les conditions de la
justice.*

§ II. — Aristocratie.

Il n'est au fond que deux formes nettement
distinctes de gouvernement : *l'aristocratie* (1) et
la démocratie (2).

Il est probable qu'elles n'existent nulle part
dans leur pureté. Mais seules, elles sont logiquement primitives, en ce sens que les autres ne
sont que des compromis et des mélanges. Il convient donc de les considérer par abstraction, pour
déterminer leurs conséquences naturelles.

Si le gouvernement, c'est-à-dire l'exercice de
l'autorité sociale, appartient uniquement à une
partie de la nation, à une classe privilégiée, le
régime est *aristocratique*. Mais si le peuple entier
exerce une influence plus ou moins considérable

(1) Mot grec signifiant : Gouvernement des meilleurs, c'est-à-dire
des privilégiés de naissance.
(2) Mot grec signifiant : Gouvernement des peuples.

sur le gouvernement, si le peuple est plus ou
moins roi, le régime est *démocratique*. On dira
qu'il est un troisième régime possible, celui où
un seul détiendrait le pouvoir : la *monarchie* (1).
Mais outre que ce ne serait là qu'un cas particulier de l'aristocratie, en fait, dans la réalité de
l'histoire, jamais un seul homme ne gouverne
un peuple. Il ne peut conserver le pouvoir qu'en
s'appuyant sur une classe dont il assure les privilèges et avec laquelle il partage l'autorité. Les
despotes les plus tyranniques des peuplades sauvages gouvernent avec une caste de guerriers ; et
nos rois de l'ancienne France ont toujours partagé
le pouvoir avec une noblesse d'épée et une noblesse d'Eglise qui conservaient certains droits
politiques, tels ceux de lever des impôts ou de
rendre la justice.

Quoi qu'il en soit, dans les régimes aristocratiques, certains gouvernent, imposent des lois,
qui ne sont que leurs volontés. Les autres sont
des sujets. Ils subissent la contrainte publique
sans participer à son administration. Un simple
raisonnement révèle tout de suite les deux inconvénients, presque infaillibles, du régime aristocratique : l'arbitraire et l'exploitation d'une
classe par une autre. Ceux qui imposent des lois
au reste de leurs concitoyens ne s'y soumettent
pas eux-mêmes, et surtout par ces lois ils oppri-
ment ceux-là à leur profit. N'avons-nous pas vu
dans l'ancienne France les castes privilégiées
rester en dehors des lois communes qui régis-
saient le peuple et surtout épuiser ce dernier

(1) *Monarchie;* proprement : gouvernement d'un seul.

d'impôts? « La France, dit M. Taine, ressemblait
« à une vaste écurie où les chevaux de race
« auraient double ou triple ration, pour être
« oisifs et ne faire que demi-service, tandis que
« les chevaux de trait font le plein service avec
« une demi-ration qui leur manque souvent. »
Et que de fois aussi dans l'antiquité, à Rome, à
Carthage, que de fois dans les temps modernes a-
t-on vu des aristocraties constituées simplement
par des hommes riches, grands propriétaires ou
commerçants, gouverner dans le seul intérêt de
leur fortune !

§ III. — **La démocratie.**

Jusqu'ici, il n'y a pas eu de démocraties. Les
républiques anciennes, celle d'Athènes ou celle
de Rome, avaient l'esclave et l'esclave était privé
non seulement de droits politiques, mais de droits
quelconques. Il était étranger à la cité. Quant à
nos républiques contemporaines, elles tiennent
en dehors de la vie politique la moitié de la nation : les femmes (1).

Les étapes de la démocratie. — Nulle part la démocratie n'existe encore dans sa plénitude, mais
elle gagne peu à peu le terrain en refoulant et en
remplaçant les gouvernements aristocratiques.

____

(1) Elles ne sont pas seulement incomplètes en extension, c'est-à-
dire quant à ceux qui y participent; elles le sont encore en compréhension, c'est-à-dire quant aux fonctions qu'elles exercent. Nous
avons vu, en effet, que les propriétaires des moyens de productions
sont les gérants *autonomes* du travail économique. La collectivité
organisée n'intervient pas dans cette gestion.

On peut marquer ses diverses étapes et, en quelque sorte, ses divers degrés.

D'une part, les diverses classes de la nation
n'arrivent point ensemble à la souveraineté ; elles
n'y parviennent que successivement. En France,
la première Révolution a donné l'accès du pouvoir à la bourgeoisie, en conférant le droit d'élire
des représentants à tous ceux qui payaient une
certaine somme d'impôts. La Révolution de 1848
y a fait parvenir toute la population masculine,
en décrétant pour elle le suffrage universel.

D'autre part, les droits de souveraineté obtenus
successivement par les diverses classes de la société sont plus ou moins considérables. La bourgeoisie laborieuse et économe vise d'abord au
contrôle de l'administration, à la répression
du gaspillage, au maintien de la paix, et, pour
s'assurer ces avantages, elle remporte une première victoire : le vote de l'impôt ; nulle taxe ne
pourra être levée sans son assentiment.

Un progrès plus considérable encore vers l'Etat
démocratique est dans l'établissement de monar-
chies parlementaires : les lois ne peuvent être
promulguées sans avoir été discutées et votées
par les représentants de la nation.

La République. — Sa forme parlementaire. — La
République est l'achèvement de la démocratie.
La nation entière participe au pouvoir souverain
et elle le possède tout entier. L'autorité législative aussi bien que l'administrative sont dans sa
dépendance. C'est la nation qui doit décider sur
toutes les affaires intéressant sa vie collective,

matérielle ou morale, sur la paix et sur la guerre, sur les mesures de justice et de fraternité, sur le degré d'instruction qu'elle veut se donner. Elle dirige elle-même sa vie; elle est responsable de bien vivre ou de mal vivre.

En fait, la République, dans tous les grands pays, prend la *forme parlementaire* et il n'est pas sans intérêt de considérer le mécanisme de cette institution.

La nation nomme des délégués. Le rapport des délégués à ceux qui les élisent n'est pas sans analogie avec le rapport de l'ingénieur à son conseil d'administration ou du médecin à son malade. La nation impose les fins à poursuivre; les délégués gardent quelque initiative quant aux moyens; et en dernier ressort la nation juge des moyens qui ont été employés.

Les délégués détiennent l'autorité législative : ils font les lois. Mais ils interviennent aussi dans la fonction administrative. Ils élisent son chef (le Président de la République) et ils la contrôlent. Cette intervention parlementaire, rare, mais toujours menaçante, est une garantie indispensable, car un fonctionnarisme non contrôlé risque d'avoir, suivant le mot de Stuart Mill, des intérêts « sinistres », des intérêts de corps qu'il cherche à faire prévaloir sous l'apparence de la raison d'Etat.

Peut-être l'administration sera-t-elle un jour plus directement dans la dépendance des administrés. Ceux-ci éliraient leurs juges, leurs préfets, leurs inspecteurs comme déjà les commerçants élisent leurs juges consulaires, comme les coopé-

rateurs élisent leurs directeurs et leurs contre-
maîtres. L'autorité, au lieu de venir du dehors,
émanerait ainsi des corps organisés. Mais, quoi
qu'il en soit de cette évolution possible vers une
plus parfaite autonomie, le parlementarisme, en
ces traits essentiels, semble bien une institution
nécessaire de la vie républicaine.

§ IV. — Le fondement moral de la démocratie.

L'établissement de la démocratie est un phéno-
mène social qui présente des caractères singu-
liers : il est *universel*, car tous les pays s'y ache-
minent les uns après les autres ; et *il échappe de
plus en plus à la puissance des hommes*. M. de Tocqueville a montré, dans un admirable raccourci
de l'histoire de France, comment tous les grands
hommes et tous les grands événements avaient
contribué directement ou indirectement à l'avènement de la démocratie. « Et ceci, ajoute-t-il,
« n'est pas particulier à la France. De quelque
« côté que nous jetions nos regards, nous aper-
« cevons la même révolution qui se continue
« dans tout l'univers chrétien (1).
   « Partout on a vu les divers incidents de la
« vie des peuples tourner au profit de la démocra-
« tie : tous les hommes l'ont aidée de leurs
« efforts : ceux qui avaient en vue de concourir à
« ses succès et ceux qui ont combattu pour elle,
« et ceux mêmes qui se sont déclarés ses enne-
« mis ; tous ont été poussés pêle-mêle dans la
« même voie, et tous ont travaillé en commun,

(1) Et non chrétien. *Ex.* : le Japon.

« les uns malgré eux, les autres à leur insu,
« aveugles instruments dans les mains de
« Dieu (1). »

Causes matérielles et économiques (*Ex.* : enrichissement de la bourgeoisie) ou causes intellectuelles (la science, le changement des idées morales). — Causes accidentelles et dérivées (*Ex.* : guerres affaiblissant la royauté) ou causes permanentes et fondamentales (*Ex.* : accroissement de la population), toutes ces causes de la démocratie sont si complexes, elles ont leurs effets si enchevêtrés, que l'analyse en est certainement inépuisable.

Cependant, que l'on ne tombe pas dans l'imprudence de croire que la démocratie soit un fait fatal, que notre raison n'a qu'à constater et à expliquer, mais qu'il serait vain d'approuver ou de désapprouver. Nous avons vu, en effet (Cours de logique des sciences), que la volonté qui crée les institutions n'est pas rigoureusement déterminée par les conditions physiques et sociales d'existence qui lui sont antérieures. Elle est déterminée aussi par des sentiments et des idées qui, dans une certaine mesure, ne dépendent pas de ces conditions générales. Il y a donc place, en cette affaire, pour l'action efficace d'un jugement d'appréciation morale. Il y a lieu de nous demander si nous devons vouloir aider la démocratie ou, au contraire, vouloir l'entraver.

La démocratie étend à tous la liberté politique. Or, cette liberté est un droit essentiel pour tout homme qui ne se montre pas indigne ou inca-

(1) De Tocqueville, *La Démocratie en Amérique.*

pable d'en user. Elle est un droit essentiel à un double titre :

D'abord elle est *la garantie de tous les autres droits*. Nous avons trop de fois constaté combien il est vrai que les opprimés n'obtiennent la garantie de leurs droits qu'autant qu'ils acquièrent la puissance de les revendiquer. La démocratie transforme profondément les fins de l'Etat en déplaçant l'axe de la puissance publique. Tandis qu'il ne poursuit d'abord que l'intérêt de quelques-uns, elle lui donne pour fin la somme ou l'harmonie des intérêts de tous. Elle fait de l'Etat une source de justice et de fraternité.

Mais ce n'est pas tout. Il y a dans la liberté politique un très haut intérêt de *dignité* personnelle. Elle réalise, en effet, pour ceux qui la possèdent les conditions de l'autonomie intégrale : elle les appelle à se gouverner eux-mêmes, non seulement dans leur vie individuelle, mais dans leur vie sociale ; elle les met en demeure de s'entendre grâce à leur raison commune. Là est la profonde signification de ce mot de « concitoyens ».

Celui qui est mis en dehors de l'autonomie politique subit vraiment une diminution de personnalité.

« Il y a un jour dans l'année, s'écriait Victor « Hugo, dans un discours où il défendait le suf-« frage universel avec sa netteté habituelle de « pensée, il y a un jour où le journalier, le « manœuvre, l'homme qui traîne des fardeaux, « l'homme qui casse des pierres au bord des « routes, juge les représentants, le Sénat, les « ministres, le président de la République. Il y a

15*

« un jour dans l'année où le plus modeste citoyen
« prend part à la vie immense du pays tout
« entier, où la plus étroite poitrine se dilate à
« l'air vaste des affaires publiques ; un jour où le
« plus faible sent en lui la grandeur de la souve-
« raineté nationale, où le plus humble sent en
« lui l'âme de la patrie. »

La loi des majorités et l'idée d'une aristocratie
intellectuelle. — La majorité décide. On *compte*
les têtes, on ne les *pèse* pas. Telle est la loi des
démocraties. Or, cette loi a un caractère qui ne
peut manquer de blesser vivement certaines déli-
catesses de l'esprit. Consentirait-on qu'il soit
décidé à la majorité sur la vérité des propositions
de géométrie et de physique ?

Il ne faut donc pas s'étonner que de tous temps,
de grands penseurs, philosophes, hommes de
science, exempts d'ailleurs des préjugés aristocratiques, aient répugné instinctivement à une
pareille méthode. Ils ont eu le sentiment profond
que la vérité se révèle difficilement, à l'intérieur
des esprits les mieux doués par la nature et les
plus cultivés.

De là une idée qui n'a jamais disparu de l'ho-
rizon, idée importante en elle-même, bien qu'elle
n'ait jamais eu de commencement d'application :
celle d'une *aristocratie intellectuelle*.

Elle se trouve déjà chez Platon. Elle a été
reprise par beaucoup de penseurs du xix° siècle,
Saint-Simon, Auguste Comte, M. Renan : la
science doit avoir un pouvoir politique. Mais
quelles formes pratiques peut-on lui donner ?

On a imaginé, par exemple, l'institution d'une seconde chambre politique, sorte de sénat, composée de savants spécialistes et de philosophes, qui se recruterait elle-même (1) et qui limiterait les pouvoirs de la Chambre élue par la nation.

Mais on voit facilement le danger. La haute culture n'implique pas le désintéressement de la volonté. Un corps de savants officiels aurait des intérêts distincts, étrangers aux besoins de la masse. Quelle garantie qu'il aurait le sens et le souci de ces besoins? C'est retomber dans les inconvénients de toute aristocratie, dans le danger d'arrogance et d'égoïsme de castes. « Il faut « laisser les idées scientifiques chercher leurs « voies dans la peine et parmi les résistances de « l'opinion. Il n'est pas nécessaire d'investir d'un « pouvoir les savants (2). »

On peut, il est vrai, concevoir d'une tout autre façon la primauté légale de la pensée : chaque électeur aurait un nombre de suffrages proportionné à son instruction. Les plus cultivés seraient ainsi constitués, par la loi, en *classes dirigeantes*. Le pouvoir politique, pour l'ignorant, aurait un coefficient très faible ou même égal à 0. Ce coefficient croîtrait avec la culture et suivant une proportion telle que l'*action du nombre des électeurs soit subordonnée à l'action de leur qualité* intellectuelle.

Certes, l'apparence de cet arrangement peut séduire, mais qu'on regarde à la réalité. Dans l'organisation actuelle de la société, cette répar-

(1) Ou bien elle serait élue par les corps savants constitués.
(2) Andler.

tilion du pouvoir serait le principe d'une into-
lérable injustice, puisque l'instruction est,
presque exclusivement, le privilège de la fortune. Il n'y aurait là qu'un retour hypocrite à
l'aristocratie économique. Sans doute, il n'en sera
pas toujours ainsi. L'esprit sera davantage affran-
chi des servitudes sociales. Peut-être un jour
l'inégalité d'instruction sera-t-elle uniquement
l'effet de différences dans les aptitudes naturelles
et dans les efforts donnés. Ce jour-là, le danger
serait moindre de traduire cette inégalité intellectuelle par une inégalité politique. Mais la mesure ne serait-elle pas inutile? Dans cet état
nouveau de la société, la culture donnée à tous, la
culture primaire atteindrait un degré de développement que nous imaginons difficilement: or,
cette culture générale, non spécialisée, suffit à
traiter les problèmes de la politique (1).

(1) Au fond de la pensée politique de Saint-Simon et de Comte,
il y a l'idée que des sciences sociales se constitueront analogues
aux sciences physiques et aussi nécessaires à l'art politique que
celles-ci aux arts industriels ; d'où, comme conséquence, un pouvoir
gouvernemental donné aux spécialistes des sciences sociales.
Cette manière de voir apparait comme bien chimérique et un peu
puérile. — a) Les phénomènes sociaux ne sont pas susceptibles de
science au même degré que les faits matériels qui le sont déjà très
inégalement ; b) Une instruction primaire développée suffirait à
assimiler de ces sciences sociales ce qu'il en faudrait pour la politique. Ne voit-on pas, déjà, les paysans cultivés se servir admirablement de la chimie agricole ? c) D'ailleurs, pour n'avoir pas le
gouvernement politique, les spécialistes n'en seront pas moins uti-
lisés politiquement, La démocratie les consultera, leur demandera
des règlements d'administration publique. Déjà nous voyons nos
gouvernements constituer à chaque instant des commissions de
savants et leur demander des consultations. Le rôle politique normal des spécialistes est celui non de directeurs, mais de « consul-
tants ».

Et, en fin de compte, il ne faut pas perdre de
vue que chaque individu, si ignorant qu'il soit,
possède une compétence admirable qui manque
à tous ses semblables. Il est une chose qu'il connaît mieux que quiconque : ce sont ses besoins. Il
en a une connaissance unique, parce qu'il les ressent. Les autres, qui ne les ressentent pas, sont
exposés à les méconnaître. Si cette compétence
n'est pas suffisante pour bien juger, peut-on dire
qu'elle ne soit pas nécessaire (1)?

§ V. — Le défaut des démocraties.

Quand on dit que les gouvernements despotiques et aristocratiques sont des gouvernements
forts, il faut distinguer : ils sont forts à l'égard
des gouvernés qui n'ont pas de droits politiques ;
mais ils sont faibles à l'égard des classes gouver-
nantes.

Or, dans les démocraties cette faiblesse risque
de se généraliser, puisque tout le monde gouverne.
Là est bien le mal auquel elles sont exposées :
l'affaiblissement de l'autorité publique. L'expérience le confirme. Des lois, unanimement recon-

(1) Le problème de la liberté politique se pose d'une façon aiguë
en ce qui concerne les colonies. Les métropoles n'accordent généralement pas de droits politiques aux indigènes. Deux raisons de ce
fait :

L'une injuste : le désir de garder la suprématie.

L'autre légitime : les indigènes sont trop *différents* du métropo-
litain, et souvent ils ont une infériorité mentale et morale qui
tient à la structure même de leur cerveau et à laquelle l'éducation
ne saurait remédier en une génération.

La colonisation ne se justifie, cependant, que si la métropole prend
pour fin de rendre possible, dans le plus bref délai, la communauté
politique, par l'assimilation et la culture des indigènes.

nues nécessaires, ne sont pas votées, parce que des électeurs influents qu'elles gêneraient n'en veulent pas (1). Des lois votées ne sont pas appliquées ou le sont insuffisamment. (*Ex.* : La loi sur l'obligation scolaire.) Les fonctionnaires administratifs s'abstiennent d'administrer ; ils laissent faire. Ils craignent d'être désavoués par leurs chefs, qui eux-mêmes craignent de mécontenter ces électeurs influents dont nous venons de parler.

Le mal peut être très grave ; il peut aller jusqu'à une *altération profonde de toutes les fonctions sociales*, tant législatives qu'administratives. Comment l'autorité subsisterait-elle, quand, justement, elle dépend de ceux à qui elle doit s'inspirer ? Véritable cercle vicieux qui peut être seulement rompu par l'établissement de fortes habitudes collectives.

Les habitudes nécessaires aux démocraties. — Il faut d'abord, évidemment, que tous, volontairement, se soumettent à une discipline, qu'ils obéissent à ceux qui ont qualité pour gouverner. L'esprit d'insubordination est, en réalité, l'ennemi de l'esprit de liberté. On vante avec raison l'amour de l'indépendance dont font preuve les Anglo-Saxons, mais on oublie d'ajouter qu'il a pour condition un respect de la discipline sociale presque inconnu chez nous. Et cette disposition les Anglo-Saxons l'ont acquise justement dans la

(1) Peut-on contester, par exemple, qu'il soit urgent de réprimer les fraudes sur l'alcool, la vente de certaines boissons dangereuses ; ou encore de réprimer l'abus des courses de chevaux qui, sous le prétexte hypocrite de favoriser l'élevage, développent la passion du jeu ?

pratique des libres associations, surtout des libres associations religieuses. Les sectes les ont formés à l'autonomie politique.

Mais il est une autre habitude, complémentaire du respect de la discipline, et non moins utile socialement : *l'habitude* pour chacun *de revendiquer son droit.* Sommes-nous lésés par un particulier ou par une administration publique, trop souvent nous nous taisons par indifférence ou paresse, par crainte de nous faire des ennemis. Cependant, en défendant notre droit, ne défendons-nous pas le droit de tous? Il y a quelques années, un voyageur, circulant entre Paris et Lyon, s'amusait à vérifier le prix de son billet. Il s'aperçut que la Compagnie lui faisait tort d'environ quatre centimes. Il réclama en vain, fit un procès, et, de juridiction en juridiction, finit par gagner sa cause. En combattant pour sa bourse, il avait combattu pour toutes les bourses. « Notre « droit représente une véritable fonction sociale « et c'est un devoir à remplir que d'en maintenir « l'intégrité. Ce n'est pas l'individu que la société « protège en nous, c'est la personne, l'être social « anonyme (1). »

En dernière analyse, tout individu doit se considérer comme détenteur d'une fraction plus ou moins grande d'autorité publique, et il lui appartient de la sauvegarder, soit en se subordonnant volontairement, soit en exigeant des autres le respect de la règle. Mais si l'on cherche la source possible de ces dispositions, on trouve d'abord

(1) Belot, « La restauration de l'autorité », *Revue de métaphysique et de morale*, 1898.

qu'elles peuvent venir d'une vue claire de l'intérêt personnel. N'y a-t-il pas avantage à accepter les charges, mais aussi les immenses avantages de l'association et de lui sacrifier les fantaisies individuelles? Cependant l'intérêt personnel bien entendu ne suffit pas à tout ce qu'exige la pratique de la liberté politique, puisqu'il se trouve parfois en opposition profonde avec l'intérêt général. Il y faut le respect intérieur de la loi morale, l'amour désintéressé de la justice. La pensée de Montesquieu demeure : la République, plus peut-être que toute autre forme de gouvernement, a besoin d'hommes de conscience.

CHAPITRE XXII

RAPPORTS DES NATIONS ENTRE ELLES

Comment les rapports des nations entre elles doivent-ils être organisés?

Il n'y a pas de question qui s'impose avec plus d'urgence à la réflexion de tous. D'abord elle est grave entre toutes et, en quelque sorte, dominatrice : elle tient sous sa dépendance tous les problèmes particuliers de la politique étrangère et les problèmes les plus importants de l'organisation intérieure des nations. Puis sa solution pratique ne peut venir que du jugement et de la volonté de tous. Nous ne sommes plus au temps où les princes et les diplomates disposaient des peuples sans les consulter. Les gouvernements ne sont plus que des instruments de l'opinion publique. Nous portons tous dans nos mains la paix ou la guerre.

Mais, d'autre part, il n'y a pas de question plus complexe.

Les rapports internationaux se transforment constamment. La guerre même n'a plus les mêmes résultats et la même signification qu'autrefois.

Cependant, pour bien juger il faut tenir compte
de cette évolution, connaître l'état où elle est pré-
sentement parvenue.

§ I. — Organisation actuelle de la solidarité internationale.

Il est plus difficile qu'il ne semble au premier
abord de dire en quoi les rapports *internationaux*
diffèrent aujourd'hui des rapports *intranationaux*.

Dans la nation il se produit constamment des
conflits économiques ou des conflits de croyance.
Il peut y avoir oppression des uns par les autres.
Mais les rapports sont soumis à des lois et les lois
s'appuient sur une puissance publique, plus forte
que l'individu, qui le contraint et lui interdit la
violence.

Une guerre civile peut bien, parfois, donner
cours à la violence. Mais, à moins qu'elle ne
rompe définitivement le lien national, l'état de
guerre disparaît avec la fumée des dernières
batailles. La Vendée a pris les armes il y a cent
ans; mais, la paix assurée, on n'a pas vu les partis
en présence fortifier leurs frontières et maintenir
sur pied des armées. Les lois et l'unité de la
puissance publique reprennent leur empire: *l'état
normal dans la nation est un état juridique qui est
en même temps un état de paix et qui peut devenir
un état de justice.*

Mais la vie sociale ne se renferme pas dans la
nation et c'est une image grosse d'erreurs que
celle qui assimile les nations à de grands organismes clos.

La solidarité, sous toutes ses formes, passe, nous l'avons vu, par-dessus les frontières. La Normandie fournit les marchés anglais de ses produits et ses échanges sont autrement intenses avec l'Angleterre qu'avec la Provence.

Comment cette solidarité pourrait-elle s'établir si elle n'était juridiquement réglementée ?

Extension du droit privé aux étrangers. — Cette réglementation juridique devient de plus en plus complexe. Un grand fait domine : *chaque nation civilisée, d'elle-même, sans convention internationale, étend aux étrangers presque tout son droit privé* particulièrement le droit relatif aux contrats et celui relatif à la propriété. Si l'Anglais commerce avec le Français, c'est que, même résidant en Angleterre, il peut au besoin poursuivre le Français devant les tribunaux de l'une ou l'autre nation (1) et les tribunaux jugeront avec les mêmes règles qu'ils appliquent à leurs nationaux. Un étranger peut acquérir en France et, s'il meurt, ses biens reviennent à ses héritiers.

Par ce principe se règlent la grande masse des rapports privés internationaux. Mais, si naturel qu'il nous paraisse, c'est un principe relativement récent, en opposition avec toutes les idées par où a débuté l'humanité. Jusqu'à la Révolution, par exemple, l'ancien droit a maintenu *l'aubaine*, c'est-à-dire le pouvoir pour l'Etat de confisquer les successions ouvertes au profit d'un étranger.

(1) Des règles très simples déterminent quel tribunal est compétent.

Les conventions internationales. — Dans certaines matières, l'entente est nécessaire. Mais la partie de la réglementation juridique qui est due à des conventions est toujours infiniment plus restreinte que l'autre et plus lente à s'établir.

Cependant, les conventions internationales deviennent de plus en plus nombreuses : traités de commerce relatifs aux tarifs douaniers, conventions pour garantir la propriété littéraire et celle des inventions industrielles, conventions pour l'extradition des malfaiteurs, pour les postes et télégraphes, etc.

Coexistence d'un état juridique et d'un état de guerre dans les rapports internationaux. — Il y a donc une réglementation juridique des rapports internationaux. Mais remarquons qu'elle ne régit guère que les rapports privés entre particuliers et non les rapports entre les nations elles-mêmes.

Un particulier est contraint de payer ses dettes à un étranger. Mais un Etat s'en dispense parfois et n'y pourrait être forcé que par une guerre qui risque de ne pas tourner au profit du droit. Bien plus, un Etat se jette sur un autre Etat, le démembre, l'annexe. Nul droit positif ne préserve les existences nationales, comme il y en a qui protègent les existences individuelles.

C'est qu'il n'y a pas au-dessus des nations une autorité législative et administrative. *Il n'y a pas un Pouvoir international de contrainte.* Les Etats sont souverains ; au-dessus d'eux il n'y a rien.

On pourrait comparer ce droit international à

la croûte d'un volcan qui toujours gronde et fume,
Croûte mince, instable, parfois crevée. Pour
parler sans images, deux états coexistent, deux
états contradictoires : un état juridique et d'autre
part un état de guerre, guerre déclarée avec les
armes de la violence ou guerre latente avec les
armes de la ruse, de la menace. C'est entre ces
deux états qu'il faut choisir.

§ II. — L'état de guerre.

L'humanité a commencé par la guerre et non
par la paix.

Les naturalistes ont observé que les fourmis,
dans leurs rapports, ont des mœurs féroces.
Qu'une fourmi s'égare aux alentours d'une four-
milière étrangère, c'est pour elle la mort. Les
hommes d'autrefois eurent des mœurs semblables.
Le monde ancien apparaît comme une arène san-
glante où des nations guerrières, véritables associations de proie, cherchaient à vivre aux dépens
des nations industrieuses. Athènes tomba sous les
coups de Sparte ; Milet et Phocée périrent par la
main des Perses ; Tyr, par Alexandre ; Tarente,
Syracuse et la plus riche de toutes, Carthage,
par les Romains. On prenait les richesses ; on
emmenait les vaincus comme esclaves ; et l'esclavage ne faisait que continuer pour la nation
victorieuse l'exploitation de la nation vaincue.
César et Pompée se vantaient d'avoir vendu ou
tué l'un et l'autre deux millions d'hommes ! Et
quand les Romains s'abstenaient de détruire les
peuples de leurs provinces et y installaient leur

administration, c'était pour vivre des tributs qu'y levaient leurs proconsuls.

La guerre de notre temps. — Aujourd'hui comme autrefois, les nations restent des associations de proie ; un peuple pacifique et qui néglige de s'armer risque d'être dévoré par les autres.

Le xix⁰ siècle a vu encore des guerres fréquentes et terribles mettre aux prises les grandes nations civilisées et amonceler les cadavres par toute l'Europe. Les seules guerres de Napoléon ont fait six à huit millions de victimes (1).

Notons cependant certaines transformations considérables. Certes, la guerre a gardé sa cruauté

---

(1) Voici une statistique instructive des victimes des différentes guerres du xix⁰ siècle (inutile de dire que les chiffres ne sont qu'approximatifs).

	Français.
Guerres de Napoléon (1792-1815).......	3.000.000
	Étrangers.
	5.000.000
Guerre de Russie (1854)...............	800.000
Guerre d'Italie...	300.000
Guerre de Prusse.....................	300.000
Guerre de Sécession..................	500.000
Guerre de 1870......................	800.000
Guerre turco-russe...................	400.000
Guerres civiles de l'Amérique du Sud...	500.000
Guerres coloniales (Indes, Mexique, Algérie, Abyssinie, Transvaal, Java, Madagascar)............................	3.000.000
	—————
	15.000.000

Si l'on songe que ces quinze millions de victimes représentaient l'élite physique de chaque nation, la fleur de sa jeunesse, on comprend quel irréparable affaiblissement de la santé publique ces guerres successives ont causé.

première; elle est restée l'emploi brutal et san-
guinaire de la violence et les conventions de
Genève pour la prohibition de certaines armes et
la protection des blessés ne sont qu'un progrès insi-
gnifiant. Le changement est ailleurs. *Elle est deve-
nue infiniment plus rare* et, par conséquent, moins
meurtrière qu'autrefois ; elle n'est qu'une crise
entre pays civilisés, tandis qu'elle est la maladie
permanente de la barbarie. Nous sommes saisis
de tristesse à l'idée que la guerre de Crimée a tué
785.000 hommes. Mais les combats incessants
entre les misérables peuplades africaines font,
chaque année, bien plus de victimes. « A propre-
« ment parler, l'Afrique est actuellement un vaste
« charnier (1). » Avant l'arrivée des Européens, les
Indiens d'Amérique s'exterminaient en des con-
bats quotidiens. Pour l'humanité primitive, la
guerre est le grand malheur, plus destructive cent
fois que les fléaux naturels, que l'inondation, l'ou-
ragan, le tremblement de terre. Si elle est moins
fréquente maintenant, c'est que la solidarité internationale s'est accrue.

La croûte du volcan s'est épaissie au point de
parvenir parfois à contenir les poussées intérieures. Par là s'explique aussi que *la guerre n'a
plus les mêmes résultats immédiats qu'autrefois.*
Elle change de moins en moins les droits privés
des particuliers, au moins quand les deux partis
sont des nations civilisées. Le vainqueur annexe
parfois les vaincus, il leur prend leurs nationalités, mais il ne leur prend pas leurs biens ; il ne
touche pas aux droits de propriétés, ou s'il y porte

(1) Novicow, *La lutte dans les sociétés humaines.*

atteinte ce n'est que de façon détournée et déguisée, par une indemnité de guerre, par exemple, ou des clauses relatives à l'entrée des marchandises. L'Allemagne, si rapace, a voulu que les actionnaires de la Compagnie de l'Est soient indemnisés pour le réseau de chemin de fer des pays annexés.

La guerre elle-même n'atteint donc plus la vie sociale aussi profondément qu'autrefois. Par contre, l'état de guerre, ce que l'on appelle « la Paix armée », pèse toujours sur les peuples d'un poids très lourd. Ces richesses énormes, que les nations consacrent à leurs armements, pourraient accroître leur bien-être et leur instruction. Des vies humaines sont misérables, des esprits demeurent incultes, des découvertes ne se font pas, parce que l'humanité ne sait pas travailler dans la paix.

I. La guerre appréciée au point de vue de l'utilité. — Une distinction s'impose, si l'on veut éviter une cause d'erreurs fréquentes : distinction entre la guerre proprement dite, c'est-à-dire l'emploi déclaré de la violence, et, d'autre part, *l'état de guerre*, c'est-à-dire l'absence de régime juridique dans les rapports internationaux.

Tant que l'état de guerre subsiste, il se peut qu'une guerre soit utile à une nation, utile à sa prospérité économique, utile à sa grandeur relative, en ce sens qu'elle l'élève à un rang supérieur dans l'échelle des nations. Remarquons, cependant, que cette chance d'utilité diminue parce que la guerre touche de moins en moins aux droits privés. Quand on étudie de près la plupart des grandes guerres des temps modernes, on cherche en vain le profit que le vainqueur a retiré de sa victoire. Que de fois elle n'a fait que l'épuiser (1) !

Mais si l'on considère l'*état de guerre* et non *la guerre*, toute analyse devient, semble-t-il, super-flue. Peut-on contester que la paix stable, définitive, sans armements, soit le plus grand bien même pour une nation sûre de sa force ? Autant vaudrait constater qu'entre particuliers l'ordre soit l'utilité suprême et regretter la répression du vol et du brigandage sous prétexte que tous les particuliers pourraient se faire brigands.

La guerre n'est pas une conséquence de la lutte pour la vie. — Cette question de l'utilité de l'état de guerre a été présentée sous un nouvel aspect. Darwin ayant vulgarisé l'idée de la lutte pour la vie comme loi nécessaire du monde organique, on n'a pas manqué de rattacher à cette loi le fait de la guerre. Une sorte de nécessité biologique, pense-t-on, contraindrait les hommes à s'entre-tuer et à s'entre-dépouiller de leurs moyens d'existence, parce qu'il est impossible que tous vivent. La

---

(1) Cette question de l'accroissement possible de prospérité matérielle par la guerre est infiniment complexe. Une maison de commerce sait si le profit de ses opérations dépasse les dépenses. Une nation ne pourrait dresser le compte de profits et pertes d'une guerre. On a constaté que parfois la victoire était accompagnée d'une augmentation de vitalité économique (*Ex. :* L'Allemagne après 1870) et on en a tiré cette conclusion que la victoire est cause de ce progrès. « *Le fer appelle l'or* », dit-on. Conclusion bien contestable. L'histoire fournit des cas aussi nombreux de nations dont la prospérité s'est accrue dans la paix (Etats-Unis). L'histoire ne peut rien prouver à ce sujet, mais si l'on raisonne à priori, on en vient à penser que la victoire est sans grand effet sur l'activité économique et que parfois elle n'en est que le signe.

guerre serait ainsi non seulement expliquée, mais encore *justifiée*, comme condition de la vie.

Cette théorie manque de rigueur scientifique. Elle est faite de tant d'images confuses, de tant d'assimilations vagues que, pour les dissiper, il y faudrait toute une théorie de la lutte pour la vie. Bornons-nous à quelques remarques.

Déjà dans l'animalité, l'entre-destruction n'est pas générale entre représentants d'une même espèce ; elle n'a lieu souvent qu'entre espèces différentes. Les hommes payent leur tribut à la lutte pour la vie en détruisant, pour subsister, des végétaux et des animaux. La question précise est donc la suivante : la disproportion de leur nombre et de leurs moyens d'existence les contraint-elle à s'entre-détruire, à s'entre-piller et à instituer une lutte intra-spécifique?

Or, la prémisse et la conclusion sont aussi contestables l'une que l'autre.

La guerre a commencé et a régné justement dans les temps où la terre était immense par rapport au petit nombre des hommes.

Admettons cependant que toute la population ait peine à subsister. La guerre serait-elle une méthode propre à lever cette difficulté? *D'abord,* quelle étrange méthode qui consiste à dépenser en armements d'énormes richesses, grâce auxquelles des milliers d'hommes pourraient vivre ! Étrange méthode qui va directement à contre-fin, *puisqu'elle diminue les moyens d'existence beaucoup plus qu'elle ne diminue la population.* — Mais surtout l'étude même des animaux révèle que, pour une espèce qui veut subsister, il est une

méthode infiniment supérieure à l'entre-destruction, savoir : *la coopération*. Et cette méthode,
l'homme, par ses facultés, peut la pousser autrement loin que l'animal. Si le champ est trop petit,
on peut s'entre-tuer, mais on peut aussi s'entendre pour le mieux cultiver. En fait, si la population a pu croître démesurément, c'est grâce à
l'association organisée, à la division du travail, à
la justice. Si l'on veut suivre jusqu'au bout le
principe de la guerre comme méthode de subsistance, que l'on supprime l'organisation dans l'intérieur même de la nation, que l'homme devienne
« un loup pour l'homme », et l'on verra si la
subsistance deviendra plus facile pour l'espèce !

Origine de la guerre. — Il faut donc renoncer à
parler de la fatalité et de l'utilité de la guerre.
Elle a pour cause, non les exigences de la vie,
mais l'état primitif de la société et de la nature
humaine. Il y a dans la nature humaine des instincts de meurtre, de pillage, un plaisir à tuer,
des désirs de vivre aux dépens d'autrui pour éviter
l'effort. Dès l'origine, ces instincts se trouvent
réprimés à l'intérieur du groupe. Mais ils subsistent à l'égard de l'étranger, faute de solidarité
entre les groupes. Ni l'idée de droit, ni les sentiments de fraternité et de pitié ne s'étendent aux
autres groupes.

L'organisation en vue de l'utilité commune n'est
pas au début de l'évolution, mais à la fin.

II. **La guerre appréciée du point de vue moral.** —
Au-dessus de l'intérêt individuel ou national,

nous avons placé, comme principe suprême de jugement, l'intérêt de la vie morale en chaque personne.

Dans l'état de guerre, légitimité et obligation possible de la guerre. — C'est ici surtout que, pour éviter l'erreur morale la plus grave, il convient de distinguer la *guerre* de l'*état de guerre*. Tant que les nations resteront injustes, la guerre pourra être non seulement un acte légitime, mais un éclatant devoir.

L'erreur morale est bien du côté de cette pensée qu'il ne faut pas résister au méchant ; la soumission au méchant ne fait que sceller l'injustice et l'oppression. La justice ne s'établit pas par l'abandon et l'inaction, mais par l'effort et la réglementation juridique.

Il faut qu'un peuple repousse par la force et la violence l'agression étrangère, qu'il défende au loin les droits des siens ; il est légitime qu'il intervienne pour aider des populations opprimées à s'affranchir de l'oppression ; il est légitime et noble qu'il combatte partout pour le bon droit. La terrible guerre que soutint l'Amérique du Nord contre le Sud esclavagiste fut une lutte pour l'humanité. C'est l'honneur de quelques nations européennes d'avoir soutenu l'effort de la Grèce voulant s'affranchir de la domination turque, comme c'est la honte de toutes les nations européennes d'abandonner le petit peuple arménien à l'oppression sauvage du gouvernement ottoman.

Les véritables vertus militaires sont nécessaires et admirables. Un peuple qui devient incapable de se soumettre à une discipline éclairée, d'affronter la souffrance et la mort pour défendre le droit, est un peuple qui se dégrade. Il dégrade même l'humanité en laissant libre passage à l'injustice (1). Il y a un mal plus grand que la guerre, c'est la lâche paix, l'acceptation de l'oppression.

Condamnation de l'état de guerre. — Si la *guerre* est parfois légitime dans l'état de guerre, l'*état de guerre* est radicalement incompatible avec les affirmations de notre conscience, plus éclairée, plus proche de la vérité que la conscience ancienne; il est devenu, par là, un péché collectif.

Nous concevons le droit comme attaché à la qualité d'être raisonnable et non à la qualité de compatriote. Or, l'état de guerre est le maintien et l'approbation de l'injustice à l'égard de l'étranger. « Tout ce qui, dans les relations privées, est « abhorré et stigmatisé est considéré ici comme « licite, et celui-là devient un grand homme « d'Etat qui a dupé et violenté avec le plus de « succès, au profit de sa patrie, les nations étrangères (2). »

Nous concevons que l'intérêt général est l'objet

---

(1) Il y a des guerres qui, en sauvant un peuple de l'oppression, ont sauvé la civilisation humaine. Les Athéniens ont sauvé la civilisation antique, en combattant aux champs de Marathon. — Au XVIᵉ siècle, alors que le fanatisme couvrait toute l'Europe, la petite nation hollandaise, en se délivrant du joug espagnol au prix d'une lutte cruelle entre toutes, a sauvé la liberté de pensée. Il y a eu vraiment des guerres *saintes*.

(2) Anton Menger.

de la volonté morale. Or, l'état de guerre maintient la destruction et la dépense vaines de richesses immenses, fruit du travail humain. Il est la plaie par où s'échappe le sang nourricier de la société.

Nous condamnons les vieux instincts de férocité et de cruauté. Or, l'état de guerre les maintient et les développe. Nous rêvons de massacres, nous devenons insensibles à la pitié. « Non seu- « lement les adultes, mais les enfants, — les « enfants qui sont purs et sages — se réjouissent « selon la nationalité à laquelle ils appartiennent, « quand ils apprennent que non seulement sept « cents, mais mille Anglais ou Boers sont tués, dé- « chirés par des engins meurtriers. Et les parents « — j'en connais — encouragent leurs enfants « dans cette férocité (1). » N'a-t-on pas entendu, il y a peu de temps, le chef d'un des plus grands Etats de l'Europe, parlant à ses soldats qui partaient pour combattre un pauvre peuple de l'Asie, faible et ignorant, les exhorter à imiter les Huns, sur le passage desquels l'herbe ne repoussait pas, les exciter à une guerre sauvage et invoquer par là-dessus le Dieu père de tous les hommes, pour le faire complice des massacres qu'il préméditait ?

La vie morale, au dedans de nous, est incompatible avec, au dehors, la persistance de l'état de guerre. Pour mettre nos actes d'accord avec notre raison, il nous faut débarrasser la vie sociale du fonds de violence et de lutte qui y subsiste de ses origines.

(1) Tolstoï.

§ III. — **Devoirs réciproques des nations.**

Quelles devraient être les idées directrices d'un régime juridique international? Comment faut-il concevoir la justice internationale?

Principe des nationalités. — Considérons d'abord les nations comme telles, c'est-à-dire en tant qu'associations politiques indépendantes. Un principe doit dominer leurs rapports, qui a reçu le nom de *principe des nationalités*; une population a le droit d'appartenir à la patrie qui lui plaît ; la nation doit être uniquement fondée sur le consentement des individus.

Ce n'est qu'au xixe siècle que ce principe s'est implanté dans la conscience, sinon encore dans la réalité sociale. Il est issu de la pensée révolutionnaire. La Constitution de 1791 le consacre en ces termes : « La nation française renonce à entre- « prendre aucune guerre dans la vue de faire des « conquêtes et n'emploiera jamais ses forces contre « la liberté d'aucun peuple. »

C'était la condamnation de la conquête, de l'annexion violente dont le premier partage de la Pologne venait de donner encore un exemple scandaleux. C'était aussi la condamnation de cette idée de l'ancien droit qu'un peuple *appartient* à son prince et que la nationalité peut être transférée par vente, constitution de dot, héritage, comme une terre avec ses troupeaux.

Quelle est la raison d'être de ce principe nouveau? D'abord l'indépendance nationale comme la liberté politique vaut par elle-même. Nous devons être respectés dans nos sentiments sociaux et patriotiques aussi bien que dans nos besoins individuels. Si nous aimons notre patrie, si nous voulons vivre ensemble, avoir notre gouvernement à nous, notre existence propre, l'annexion est injuste qui meurtrit cet amour et violente cette volonté (1).

Mais, de même encore que la liberté politique nous garantit contre le despotisme intérieur des aristocraties, l'indépendance nationale nous garantit contre le despotisme et l'oppression possibles des conquérants.

Aussi la pensée révolutionnaire ne séparait-elle pas ces deux libertés qui ne sont que les deux aspects d'un même droit à l'égard soit des tyrannies intérieures, soit des tyrannies extérieures. Lorsque la Convention rend le décret du 19 novembre 1792 : « La Convention nationale déclare, « au nom de la nation française, qu'elle accor- « dera fraternité et secours à tous les peuples qui « voudront recouvrer leur liberté » ; lorsque commence la guerre de propagande pour l'expansion des Droits de l'homme, c'est bien cette double

______

(1) Application possible à la guerre des Boers. Des écrivains anglais, très consciencieux d'ailleurs et désireux d'en appeler à la discussion, arguaient en faveur de leur politique que les Boers ne perdaient rien de leur liberté à faire partie d'un vaste empire du Cap, se gouvernant lui-même, avec parlementarisme et suffrage universel, à peine rattaché à la couronne.

Ils n'oubliaient qu'une chose : si les Boers, à tort ou à raison, veulent vivre indépendants, cette volonté est sacrée, *à la condition*, toutefois, que, de leur côté, les Boers garantissent les droits privés et même politiques des étrangers dans la mesure que nous disons plus bas. C'est la réponse qu'on peut faire au livre de bonne foi que M. Conan Doyle a écrit et répandu dans tout le continent pour justifier la politique de sa patrie devant la conscience universelle.

liberté politique et nationale que la Révolution veut pour tous.

Ce principe des nationalités a commencé à pénétrer dans les faits. Pour la première fois dans l'histoire sont apparus des *plébiscites* sur la question de nationalité. En 1860, en 1866, il a convenu aux Italiens de se réunir en un seul Etat. C'est en vertu d'un vote que cet Etat s'est constitué. Quand, il y a plus de quarante ans, Nice et la Savoie se sont réunis à la France, ce fut aussi en vertu d'un vote. C'est ce principe qu'ont violé nos vainqueurs de 1870 en annexant l'Alsace et la Lorraine. Quand le Parlement, réfugié à Bordeaux, vota le traité de paix, les représentants de ces deux provinces se levèrent pour quitter une assemblée où ils ne pouvaient plus siéger ; et c'est au nom d'un droit méconnu qu'ils purent crier cette dernière protestation : « Livrés, au mépris de toute justice « et par un odieux abus de la force, à la domina- « tion de l'étranger, nous avons un dernier devoir « à remplir : nous déclarons encore une fois nul « et non avenu un pacte qui dispose de nous sans « notre consentement. La revendication de nos « droits reste à jamais ouverte à tous et à chacun « dans la forme et dans la mesure que notre « conscience nous dictera. »

Limitation du principe des nationalités. — Il en est du droit à la vie nationale comme du droit à la vie individuelle.

Il est insuffisant pour exprimer toute la justice, et, d'autre part, il ne peut même pas être affirmé sans condition.

Les nations, en effet, ne peuvent se fermer les unes aux autres, elles sont fatalement solidaires. Or le principe que leur indépendance politique est un droit ne nous dit pas comment elles doivent régler leurs rapports nécessaires d'interdépendance. De plus, il n'est obligatoire qu'autant qu'elles règlent ces rapports avec justice.

C'est ainsi qu'une nation doit abandonner une partie de son indépendance et de sa souveraineté pour constituer un pouvoir international, si ce pouvoir est nécessaire à la justice. Ou encore, elle doit sauvegarder, chez elle, les intérêts privés des étrangers; elle ne saurait, par exemple, monopoliser à leur détriment des richesses naturelles.

Ces restrictions au principe de nationalité justifient dans une certaine mesure des entreprises coloniales qui le transgressent (1).

Les droits privés des étrangers. — Nous avons vu comment, dans l'absence d'un pouvoir législatif international, chaque nation, d'elle-même, projetait en quelque sorte et étendait aux étrangers une partie de son droit privé.

Mais combien insuffisant encore et incertain ce

(1) Un écrivain imagine quelque part une conversation entre un eau-Rouge des anciens temps et un blanc. Celui-ci a été chassé, par le besoin, des cités populeuses. Il demande quelques champs. Mais le Peau-Rouge veut garder pour lui tout seul les vastes terrioires nécessaires à la chasse, car il ne veut pas exploiter par le ravail les ressources naturelles du sol. A bout d'arguments, le blanc lui tire un coup de fusil. Lequel a tort? n'est-ce pas le Peau-Rouge?

N'oublions pas cependant que la conquête coloniale ne se justifie pleinement que si elle prend pour fin d'apporter une civilisation supérieure à des populations rendues misérables par l'ignorance, la barbarie, le despotisme.

progrès juridique ! Ne voit-on pas les Etats se réserver le droit d'expulser des étrangers de leur territoire, *arbitrairement*, sans procès ? Il y a quelques années, M. de Bismarck, pour favoriser les ouvriers allemands, faisait chasser du duché de Posen 30.000 sujets russes, qui n'avaient commis aucun méfait.

La Russie se refuse à protéger la propriété littéraire des étrangers. Les autres nations la payent du même traitement. D'où, des deux parts, le vol éhonté, le pillage organisé.

Le principe à poser est le suivant : *Ce qu'une nation jugé équitable pour les siens, elle doit l'étendre à ceux des autres nations, sous la condition préalable de la réciprocité*. Ainsi le veulent la justice et l'intérêt général.

§ IV. — Les conditions d'un régime juridique international.

Tels sont les droits naturels qu'un régime juridique international doit réaliser. Mais quelles sont les conditions de ce régime ?

Il ne peut pas s'établir entre les nations autrement que dans la nation. Ses conditions sont là les mêmes qu'ici. Il y faut une autorité supérieure aux partis en présence, une autorité internationale. Mais comment définir celle-ci ?

De l'idée d'une autorité arbitrale. — L'Angleterre et les Etats-Unis, ayant eu une contestation capable d'amener la guerre, résolurent de s'en rapporter à des arbitres. D'autres nations, depuis, ont suivi cet exemple.

Enfin, en 1898, le tsar prit une initiative qui surprit et émut, un instant, le monde civilisé. Il invita les grandes nations à étudier en commun les moyens d'assurer la paix et de diminuer les armements. Ce fut la conférence de La Haye.

Les délégués des nations prirent la décision d'instituer un tribunal international résidant à La Haye, auquel les puissances pourront, *si elles le veulent*, s'adresser. De plus, le représentant de la France, M. Léon Bourgeois, fit voter cet article : les puissances neutres auront l'obligation de rappeler aux nations prêtes à en venir aux mains que le tribunal existe, et de leur conseiller d'y recourir.

Petit résultat assurément, dérisoire presque. Les grandes nations ne le voulurent pas plus grand. Durant le temps de la conférence, elles ne manifestèrent guère que leurs oppositions irréductibles. On sentait qu'il leur était demandé de rompre des habitudes séculaires. Derrière les gouvernements, il y a les peuples; et les peuples ne sont pas encore assez éclairés; surtout ils n'aiment pas assez fortement la justice. Cependant ce fut un premier appel à la raison.

Pour aller jusqu'au bout de l'idée et constituer une autorité arbitrale, il fallait conclure une sorte de *contrat social international :* chaque nation s'engageant à renoncer à la guerre, en cas de contestation, et à recourir au tribunal; toutes les nations ensemble s'engageant à rendre obligatoires les sentences du tribunal, grâce à leurs forces réunies.

Nécessité d'une autorité législative internationale — le fédéralisme. — L'autorité arbitrale aurait donc pour organe une sorte de tribunal judiciaire au pouvoir de contrainte, mais il s'agit de savoir si un semblable organe suffirait à la fonction qu'on attend de lui ?

D'après quelles règles ce tribunal jugerait-il ? D'après le droit international déjà existant ? Mais il est incomplet, souvent mauvais. Il faut, justement, contraindre les nations à le compléter et à le modifier. Il faut les contraindre à mettre leur législation intérieure d'accord avec l'intérêt général, et, par exemple, à établir leurs tarifs douaniers en ayant égard aux besoins de tous et pas seulement aux besoins de leurs nationaux. Il s'agit, en d'autres termes, de réglementer une solidarité infiniment complexe.

L'autorité internationale aurait donc, surtout, à légiférer, à créer un droit nouveau. C'est une fonction législative et pas seulement judiciaire qui doit s'exercer. Or, cette fonction exige, semble-t-il, un autre organe qu'un tribunal, savoir une sorte d'assemblée où des délégués des nations délibéreraient sur l'intérêt général des parties contractantes. Pour tout dire, c'est une sorte de parlement international qui apparaît comme l'instrument nécessaire de la paix.

Dans la mesure où se constituerait une autorité internationale, les nations formeraient un système fédératif ; chacune, autonome pour les questions qui la concernent seule et pour lesquelles elle est seule compétente, serait soumise à l'autorité fédérale dans les questions d'intérêt commun.

Un patriotisme réfléchi pourrait-il s'alarmer d'une pareille perspective? Mais il en est d'une nation comme d'un particulier. La servitude est pour une individualité d'être soumise à une autre individualité. Quant à la soumission à une puissance juridique, puissance de raison et de justice et qui émane de ceux-là mêmes qu'elle soumet, ce n'est pas servitude, mais, au contraire, accroissement de liberté véritable.

Les chances d'un avenir pacifique. — Par civilisation, entendons ici l'organisation de la solidarité, conformément à des règles de justice. Son extension à l'humanité entière a toujours été le rêve des philosophes, parce qu'ils ont l'idée de la raison commune à tous les hommes, et le rêve des poètes, parce qu'ils sentent la même idée dans leur cœur :

> Temps futurs, vision sublime !
> Les peuples sont hors de l'abîme ;
> Le désert morne est traversé.
> Après les sables, la pelouse ;
> Et la terre est comme une épouse
> Et l'homme est comme un fiancé.
> . . . .
> Au fond des cieux un point scintille.
> Regardez, il grandit, il brille,
> Il approche, énorme et vermeil.
> O république universelle,
> Tu n'es encore que l'étincelle :
> Demain tu seras le soleil (1) !

Dix-huit ans plus tard, la guerre de 1870 effaçait brutalement la vision du poète. Elle nous donnait cette leçon que, dans les conditions

(1) Victor Hugo, *Les Châtiments.*

actuelles d'existence, un peuple est menacé de mort nationale si son patriotisme ne conserve pas le caractère et la force d'un instinct de conservation. La paix est « la fleur lente à éclore ».

L'idée d'une paix internationale juridiquement fondée est-elle donc une utopie, c'est-à-dire une conception de la raison ou du cœur que les lois qui gouvernent le cours des choses rendent irréalisable et vaine?

Tout au contraire, de grandes causes conspirent actuellement avec la raison :

Des causes matérielles, comme le progrès des moyens de communication et, surtout, l'accroissement de la population. Ces causes développent démesurément la solidarité internationale. Or, la solidarité entraîne avec elle, fatalement, une organisation juridique. Puis, comme nous l'avons montré au sujet de la vie nationale, la solidarité internationale, elle aussi, dissout rapidement les différences, elle *assimile* ceux qu'elle relie. Nous sommes de moins en moins différents, de moins en moins étrangers entre gens que la frontière sépare.

Des causes politiques, telles que l'avènement de la démocratie, car la démocratie, à mesure qu'elle est davantage éclairée, aime davantage la paix parce qu'elle aime son intérêt.

Peut-être, des profondeurs de la vie sociale, surgira-t-il un jour des causes contraires d'antagonisme et de guerre. Mais nous ne pouvons les prévoir, ni même en deviner la forme, tandis que les grandes causes pacifiques sont actuelles et agissent. La civilisation envahissant l'humanité tout entière, même les peuples aujourd'hui sauvages, est encore un idéal utopique. Mais l'organisation de la solidarité entre les grandes nations européennes et américaines est déjà une œuvre possible, et pratique, bien que longue et difficile.

TABLE DES MATIÈRES

CHAPITRE III

LE MILIEU SOCIAL

LA SOLIDARITÉ SOCIALE

CHAPITRE IV

LA CONSCIENCE MORALE

MORALE THÉORIQUE

CHAPITRE V

LES SYSTÈMES DE MORALE
ORIGINE DE LA SPÉCULATION MORALE

CHAPITRE VI

L'INTÉRÊT INDIVIDUEL COMME FONDEMENT DE LA MORALE

CHAPITRE VII

L'AMOUR D'AUTRUI COMME PRINCIPE DE LA MORALE

CHAPITRE VIII

LA VALEUR ABSOLUE DE LA RAISON COMME FONDEMENT DE
LA MORALE

CHAPITRE IX

LA MATIÈRE DE LA MORALITÉ

MORALE INDIVIDUELLE

CHAPITRE X

DEVOIRS ENVERS SOI—MÊME ET DEVOIRS ENVERS AUTRUI

CHAPITRE XI

LA DIGNITÉ PERSONNELLE ET L'AUTONOMIE MORALE

CHAPITRE XII

LA VERTU ET LE VICE

MORALE SOCIALE

CHAPITRE XIII

DROIT, JUSTICE ET FRATERNITÉ

CHAPITRE XIV

DROITS ÉCONOMIQUES

LA PROPRIÉTÉ, LE BESOIN ET LE TRAVAIL

CHAPITRE XVII

LA NATION

CHAPITRE XVIII

FONDEMENT DE L'ÉTAT

CHAPITRE XIX

FONCTIONS DE L'ÉTAT

CHAPITRE XX

LA FONCTION DE RÉPRESSION

CHAPITRE XXI

LA FORME DU GOUVERNEMENT
DÉMOCRATIE. ÉGALITÉ POLITIQUE

CHAPITRE XXII

RAPPORT DES NATIONS ENTRE ELLES

FIN

Levallois-Perret. — Imp. Wellhoff et Roche, 55, rue Fromont.